Алина Петровна Чернышева

Книга сценариев эффективных продаж: B2C/B2B

Алина Петровна Чернышева

Книга сценариев эффективных продаж: B2C/B2B

Навыки, умения и приемы в продажах, проверенные временем и успехом

Drugoe Reshenie

Impressum / Выходные данные
Bibliografische Information der Deutschen Nationalbibliothek: Die Deutsche Nationalbibliothek verzeichnet diese Publikation in der Deutschen Nationalbibliografie; detaillierte bibliografische Daten sind im Internet über http://dnb.d-nb.de abrufbar.

Библиографическая информация, изданная Немецкой Национальной Библиотекой. Немецкая Национальная Библиотека включает данную публикацию в Немецкий Книжный Каталог; с подробными библиографическими данными можно ознакомиться в Интернете по адресу http://dnb.d-nb.de.

Coverbild / Изображение на обложке предоставлено: www.ingimage.com

Verlag / Издатель:
Drugoe Reshenie
ist ein Imprint der / является торговой маркой
OmniScriptum GmbH & Co. KG
Bahnhofstraße 28, 66111 Saarbrücken, Deutschland / Германия
Email / электронная почта: info@omniscriptum.com

Herstellung: siehe letzte Seite /
Напечатано: см. последнюю страницу
ISBN: 978-3-639-49023-7

Содержание:

Предисловие

Давайте, сравним рабочий процесс торговой компании с морским путешествием, а точнее с кораблем, плывущим по водной глади. Он плывет, а его со всех сторон обдувает ветрами, несет различными течениями. И если не случается форс-мажора, то корабль прибывает к намеченной цели вовремя и в должном состоянии.

В сравнении с процессом продажи:
Корабль – это торговое предприятие – магазин, которое функционирует в определенных условиях, которые диктует рынок. Это своеобразная водная гладь, состояние которой, отнюдь не всегда характеризуется стабильностью и уравновешенностью. На нее влияет множество факторов: наземные ветра, в виде независящих от нас колебаний социальной среды, такие как, политическая обстановка, курс доллара, конкуренты, и подводные течения, в виде нестыковок целей, задач и средств их достижения в самой компании. Оперативно решая и грамотно сопоставляя все эти составляющие процесса продажи можно поднять свое торговое предприятие на довольно высокий уровень, как в плане социальных ожиданий потребителей, так и достойной конкурентоспособности на рынке.

Давайте проанализируем сегодняшнюю ситуацию: множество торговых компаний – ниша практически забита. И все хотят быть лидерами на рынке своих товаров и услуг. Это естественно, поскольку целью-флагманом любого коммерческого предприятия, тем более, торговых компаний является прибыль. Стремление умножить свои финансовые показатели проходит через всю внутреннюю и внешнюю пиар-документацию компании. Это прописанные цели, задачи, миссия и средства достижения всего этого. Однако, одно дело прописать, а другое дело воплотить в реальность. Вот здесь мы и начинаем сталкиваться с проблемой несоответствия желаемого и действительного. Поскольку не мы одни хотим быть лидерами. Вследствие этого ценовая и ассортиментная политика уже не является главной определяющей в достижении высоких мест на рынке - это неотъемлемые атрибуты, а не конкурентное преимущество.

Главным признаком отличия успешной компании от компании усредненных социальных и финансовых показателей на сегодня является сервис, причем сервис экстра-класса. Просто хорошее обслуживание, типа: «Спросил – Ответили – Отреагировал – Продали» не сформирует в сознании покупателя образ дальнейших желаемых взаимоотношений с вами. Таким образом, в понятие сервис необходимо вкладывать смысл построения долгосрочных отношений с клиентами, а не сомнительный успех сиюминутной продажи.

Правильно обученный персонал – гарантированная лояльность клиентов. Постоянство тренировок – залог эмоциональной и профессиональной стабильности полевого персонала.

Каким образом построить систему обучения сейлсов так, чтобы она давала максимальную отдачу в виде постоянного позитивного подкрепления со стороны клиента? Первое, что необходимо сделать, это донести до торгового персонала следующее правило, причем донести таким образом, чтобы оно стало мотивирующим фактором:

Один довольный клиент в перспективе +8 потенциальных покупателей

Один недовольный клиент в реале -10 потенциальных покупателей

Сказать эту фразу и на этом закончить – фактически ничего не сделать. Необходимо постепенное внедрение с реальными ситуациями, личными примерами и работающими алгоритмами действий в поле.

Данное пособие направлено на становление и совершенствование навыков, умений, а также коррекцию реальных действий Ваших сотрудников в рабочих ситуациях.

Хотелось бы сказать несколько слов о системе обучения сейлс-менеджеров. Обучение необходимо планировать, это не должны быть случайные и спонтанно организованные мероприятия. Вне зависимости от того, имеет ли ваша компания в своем арсенале штатного тренера или вы предпочитаете приглашать внешних провайдеров обучения – все должно быть четко продумано, от первичной идеи: «что бы хотелось получить» вплоть до конкретно сформулированного тренеру ожидаемого результата.

Для того чтобы сделать все это грамотно, процесс планирования обучения необходимо разделить на этапы:

- мониторинг наличной ситуации, где мы наблюдаем и выделяем основные проблемные моменты в работе наших сотрудников
- на основе наблюдения - выбор оптимальных тем для обучения
- далее, исходя из особенностей целевой группы выбираем адекватный метод обучения и преподнесения информации:

Наиболее эффективным методом обучения торгового персонала является игровой тренинг, с разбором реальных проблемных ситуаций и моделированием рабочих моментов. Эта технология проведения занятий позволит Вам сделать из обучения увлекательное действо, а не нудную обязанность со стороны сотрудников.

Расстановка приоритетов в периодичности проведения занятий:

Нельзя делать большие промежутки в обучении в рамках одной тематики, иначе произойдет обратный ожидаемому эффект. Таким образом, провели одну тематику – прошло время – провели посттренинговую диагностику – еще раз закрепили информацию с помощью коррекционных мероприятий – прошло некоторое время 1,5-2 месяца – и начинайте новое обучение.

Информационно обучение можно строить либо исходя из реально существующих проблем, например: «Навыки грамотного обслуживания клиентов», «Конфликты в продажах: техники работы с конфликтными покупателями», либо основываясь на классической этапности продажи, тем самым последовательно прорабатывая все рабочие моменты, наглядно демонстрируя их в соотнесении с тем или иным этапом продажи. На мой взгляд, второй вариант больше себя оправдывает на первых этапах обучения сотрудников, когда требуется быстрое внедрение в мир продажи и формирование технологического инструментария в работе. Таким образом, первый вариант целесообразно использовать как некую коррекцию, направленную на стабилизацию грамотных действий сотрудников.

В данном пособии мы с вами рассмотрим, как можно проводить занятия по схеме второго варианта обучения, предложенного мной выше. Это могут быть не только тренинговые мероприятия, но и формирование вашей корпоративной книги, например эффективного обслуживания, где будут прописаны все основные правила и нормы работы по обслуживанию клиентов вашей компании. Данный «документ» послужит не только замечательной подсказкой в работе уже опытных сейлсов, но и отличным инструментом профессиональной адаптации новых сотрудников в компании.

Глава 1:Учимся продавать

Технология профессиональной эффективности

1.1 Профессиональные навыки продавцов-консультантов

Всем вам (продавцам-консультантам) вне зависимости от специализации и опыта работы необходимо выработать личный стратегический план работы. Только благодаря ему можно в кратчайшие сроки достичь поставленной цели.

Необходимо понимать, что самое важное в профессии – осознание, что вы действуете самостоятельно, то есть фактически являетесь президентом собственной компании - собственного банковского счета. Примите полную ответственность за себя и за все, что с вами происходит. Составьте свой собственный стратегический план - проанализируйте себя как профессионала и станьте лучше!

Алгоритм:

Предварительный анализ ситуации: Точно для себя определите, где вы находитесь в настоящий момент и что делаете.

Первый этап анализа - ваши доходы: Оцените ваши реальные заработки и доходы. Сколько вы сейчас продаете и зарабатываете. Какие перспективы вы видите в вашей дальнейшей карьере продавца. Возрастают ли ваши заработки и доходы с каждым годом или остаются на одном уровне.

Второй этап анализа - ассортимент предлагаемых товаров: Присмотритесь к товарам, которые вы продаете. Что это за товары, и в каком отношении к вам они находятся, как соотносятся со временем, посвященным торговле. Что за последнее время вам удалось продать? Должен ли достигнутый уровень остаться на месте?

Третий этап анализа - ваши клиенты: Кто на данный момент ваши главные клиенты? Кого вы считаете малозначительными? Изменяется ли качественный состав ваших клиентов с течением времени?

Четвертый этап анализа - ваша собственная финансовая ситуация: Устраивает ли она вас? Каков процент активов и пассивов? Можно ли что-то изменить и если да, то как.

Пятый этап анализа - ваша карьера: Оценка вашей карьеры на текущий момент. Какие тенденции вы видите в ходе вашей карьеры? Есть ли у вас на сегодня возможности дальнейшего роста квалификации там. Где вы работаете?

Необходимо всегда помнить, успех, так же как и поражение являются результатом какой-либо причины. Таким образом, ваш успех в продаже – это ожидаемый результат, который имеет конкретную причину - гармоничное соединении ваших личностных и профессиональных качеств.

- **Вы должны уметь:**

Наладить контакт с покупателем и завоевать его доверие:

Не злоупотребляйте манипуляциями, разного рода «профессиональными трюками» - держите курс на долговременное сотрудничество, а не сиюминутную выгоду.

Наладить взаимообогающий контакт с покупателем:

Никакой паники и суеты: лаконичность, дипломатичность и доброжелательность – вот основные составляющие продуктивности в sales-коммуникации. Старайтесь говорить о том, в чем вы знаете толк. Проявляйте искреннюю заинтересованность в рассказе собеседника о себе. Принимайте участие в нем.

Исследовать основные требования клиента:

Основывайтесь на ценностных ориентациях клиента – выявляйте их – опережайте клиента на шаг.

Увидеть товар глазами клиента:

Выделяйте основные преимущества товара, его достоинства и ограничения со стороны вашего потенциального покупателя, взвешивайте их по шкале его выгод, выделяйте преимущества, которые особенно интересны для него.

Быть решительным:

Если вы будете делать и говорить все с твердой уверенностью в своих действиях, клиент не будет сомневаться в том, что вы в состоянии удовлетворить все имеющиеся требования. Клиент должен увидеть вашу заинтересованность в нем и в том товаре, который продаете.

Говорить правду:

Попытки ввести клиента в заблуждение относительно сроков поставки или качества товара не приводят к должному результату, а точнее к долговременным и продуктивным взаимоотношениям с клиентом. Всегда помните, что доверие к вам со стороны покупателя бесценно. Дорожите им!

Отлично знать то, что продаете:

Необходимо знать все, о продаваемом товаре и уметь о нем рассказать. Не забывайте о высоком уровне компетенции современных покупателей.

Внушать уважение к своим возможностям:

Излучайте веру в успех, уверенность в своих силах и готовность к диалогу и помощи клиенту.

Изучать специализированные издания:

Самообразование – это ключ к успеху и дальнейшему карьерному росту.

Итак, как стать настоящими профессионалами? ***Вырабатывайте в себе необходимые личностные качества (самоконтроль и еще раз самоконтроль)***

- **Очень важно обладать:**
  - Внутренним равновесием и позитивной установкой
  - Хорошим настроением и иметь ухоженный вид (от него также поднимается настроение)
  - Преданностью своему делу, трудолюбием и настойчивостью
  - Уверенностью в себе
  - Полной осведомленностью о предлагаемом товаре
  - Профессионализмом
  - Умением расспрашивать и слушать покупателя
  - Умением проводить результативные презентации
  - Умением рассеять сомнения покупателя
  - Способностью трезво оценивать ситуацию
  - Способностью организовать свой труд

Мы все разные, каждый из нас индивидуальность со своей силой и своими слабостями, но есть ряд качеств, которые могут, затруднить ваш успех в продаже:

Паника и суетливость. Создайте вокруг себя ауру уверенности и доброжелательности.

Чрезмерная амбициозность. Всегда помните, что вы на работе и главная ваша задача завоевать лояльность клиента, тем самым, повысив прибыль компании.

Страх перемен, нежелание рисковать. Чтобы не стать одним из многих подобных друг другу продавцов – рискуйте, подходите к работе творчески.

Пессимистичность. Поддерживайте в себе тонус и заряд отличного настроения – люди тянутся к позитиву.

Чрезмерный артистизм. Будьте профессиональным игроком на своем поле.

Оппозиционность и критичность. Не стремитесь продемонстрировать клиенту свою независимость, не бросайте ему вызов.

Алгоритм:

Работа продавца- консультанта:

- Подходите к покупателю тогда, когда он нуждается в получении информации. Сначала дайте ему оглядеться и освоиться. Наблюдайте за ним, и вы поймете, когда ему понадобитесь
- Начинайте общение с покупателем с приветливой улыбки

Вежливо поинтересуйтесь: ***«Могу ли я чем-нибудь Вам помочь?», «Что Вас интересует?»***

- Выслушайте пожелания клиента: постарайтесь понять, что для него главное (мода, практичность, цена, качество, оригинальность изделия). Только после этого рекомендуйте товар, подчеркивая, что он удовлетворяет главным требованиям данного покупателя
- Завяжите беседу, при этом следите за реакцией клиента: постарайтесь понять его мысли и чувства, управляйте с помощью невербальных реакций
- Постарайтесь произвести впечатление, что вы объективны в выборе покупки: если что-то не подходит покупателю, не доказывайте, что «подходит». Увидев недовольство, скажите: ***«Давайте посмотрим другое».*** Если товар подходит – ведите покупателя до конца продажи

❖ **Запомните:**

Во время разговора с покупателем:

- Установите визуальный контакт
- Принимайте возражения - соглашайтесь, чтобы потом перевести разговор в нужное русло
- Избегайте в своей речи слов с негативной окраской: дешевый, бедный, неплохой
- Не завязывайте разговор на тему: политики, религии и семьи
- Употребляйте жесты доброжелательности, не пользуйтесь «нервными» жестами (вертеть что-то в руках, теребить что-то, грызть карандаш) и жестами закрытости (скрещенные руки или ноги)
- Аргументируйте свою речь, подтверждайте личными примерами эксплуатации
- Не вторгайтесь в личное пространство покупателя – находитесь на уровне дружеского общения (50 – 100 см.)
- Находитесь всегда в поле зрения покупателя, не отвлекайтесь на отвлекающие разговоры и действия Предпочтительнее находиться слева от покупателя
- Используйте техники активного слушания: Слегка кивайте в такт каждой новой мысли покупателя

- Присоединяйтесь к невербальным реакциям покупателя: поддерживайте манеру разговора покупателя (темп, громкость), примите ту же позу, что и покупатель, если эта поза не из числа негативных
- Создайте яркий, привлекательный образ будущего, связанного с тем, что вы предлагаете покупателю – опишите его на языке покупателя
- Учитывайте, что мужчины действуют глобально, то есть им важно общее впечатление, а женщинам важны детали.

Сделаете все правильно – завоюете внимание и доверие покупателя

1.2 Схема общения с покупателем

Первая встреча, в центре внимания – покупатель, который должен вас увидеть доброжелательным оптимистом, уверенным в себе и в своих возможностях профессионалом, преданным своему делу.

- **Как сделать так, чтобы покупатель действительно отметил ваш профессионализм:**

- Уверенная осанка: ***вы должны выглядеть победителем с гордо поднятой головой;***

- Плавные движения: ***никакой суетливости – это говорит о вашей неуверенности и тревожности;***

- Правильная жестикуляция: ***жесты открытости, никаких зажимов руками;***

- Доброжелательная улыбка: ***никакого сарказма и иронии по отношению к покупателю;***

- Располагающая мимика: ***открытое доброжелательное лицо, не хмурьтесь;***

- Зрительный контакт: ***особенно при приветствии: смотрим в глаза покупателю;***

Продемонстрируйте положительное отношение к покупателю через свою доброжелательность:

1. Приветствие: Доброжелательно приветствуйте покупателя, сопровождая контактом глаз и улыбкой
2. Уделяйте покупателю внимание: Дружелюбно реагируйте на вопросы покупателя. Относитесь к нему с вниманием, делайте комплименты его покупке, чтобы покупатель почувствовал правильность своего выбора
3. Предоставляйте покупателю всю интересующую его информацию: Делайте это своевременно!

❖ **Важно:**

- Относитесь к покупателю с уважением и слушайте его внимательно. Показывайте мимикой, жестами, словами, что вы его слушаете и понимаете
- Старайтесь, чтобы процесс общения был дружелюбным и быстрым
- «Держите себя в руках» если покупатель в гневе. Покажите ему, что вы его понимаете
- Разделите ответственность: если покупатель озадачен чем-либо в магазине, например, плохим обслуживанием, не делайте его ответственным за пережитое и не уходите от ответственности сами. Сообщите ожидающему покупателю, что произошла небольшая заминка и проинформируйте его о ваших действиях, которыми вы собираетесь ему помочь.

Подходите к покупателю когда:

Он задержался у витрины, и проявляет интерес к товару.

Время, через которое вы должны подойти к покупателю не должно превышать 30 сек, после того, как покупатель зашел в отдел и остановился у товара, но не с момента, когда зашел в магазин.

Алгоритм:

Приветствовать покупателя необходимо следующим образом:

- Добрый день (вечер, утро), меня зовут ..., я продавец этого отдела, обращайтесь, я буду неподалеку!

либо:

- Добрый день (вечер, утро), меня зовут ..., я продавец этого отдела, обращайтесь, я с удовольствием отвечу на ваши вопросы!

Для установления контакта с покупателем также можно использовать следующие фразы:

... Добрый день, ознакомьтесь, пожалуйста, с нашим прайс листом и проходящими акциями

... Здравствуйте, меня зовут, (имя), могу ли я проконсультировать вас по нашему ассортименту?

... Разрешите, я расскажу вам о наших специальных переложениях

... Добрый день, вы можете задать мне все интересующие вас вопросы.

... Чем могу быть вам полезен?

... Буду рад помочь вам в выборе товара

... Вы бы хотели узнать новую информацию о нашем товаре?

... Разрешите, я вас проконсультирую по ...

Когда вы приветствуете покупателя, обязательно демонстрируйте положительное отношение к нему, готовность к общению и стремление помочь. При этом поддерживайте зрительный контакт, стойте лицом к покупателю, повернувшись в пол-оборота, не сжимая руки в «замок», тем самым, демонстрируя покупателю открытость и готовность к общению.

Неудачные и нетактичные фразы продавца, которые отпугивают покупателей и понижают их приверженность к компании и магазину:

Реплики продавца	**Психологическая реакция покупателя (скрытая или явная)**
Что Вас интересует?	А какое твое дело? И откуда я знаю, что меня заинтересует?
Вам помочь?	А я что, похож на убогого? Сам не справлюсь?
Вам что-то показать?	Я что, слепая? Сама не увижу?
Что Вам нужно? Что Вы хотите посмотреть? Что Вы будете покупать?	Я в магазине или на допросе у следователя?
Выбрали уже нужный товар? Нашли уже?	А я никуда не спешу! А если Вам некогда, то я могу пойти в другой магазин.

Запрещено задавать вопросы:

- Чем помочь?
- Что подсказать?
- На какую сумму рассчитываете?

Запрещено намекать о покупке в самом начале контакта:

- Что вы хотите приобрести?

Этими вопросами мы обязываем покупателя к покупке, а он в свою очередь злится, поскольку чувствует, что им пытаются управлять, поэтому:

- Взглядом и улыбкой даем понять покупателю, что его присутствие в магазине и отделе замечено;
- Дружелюбным приветствием даем понять покупателю, что его присутствие в отделе значимо;

- Если сразу приветствие не уместно, наблюдаем за покупателем периферическим зрением и при первых признаках заинтересованности в чем-либо, подходим к покупателю;
- Первые ваши фразы должны расположить к вам покупателя;
- Проявите свою позитивность посредством интонации или улыбки;

Запрещенные фразы:

- Я занят
- Обратитесь к другому менеджеру

Вы можете быть заняты только в одном случае – если общаетесь с другим покупателем.

❖ **Помните:**

Если вы заняты с другим покупателем, необходимо сказать новому покупателю, что к нему обязательно сразу подойдут, как только закончат работать с покупателем, о нем помнят. Когда вы приступите непосредственно к общению с этим покупателем обязательно извинитесь за задержку.

В случае, если вас останавливает покупатель с просьбой помочь не в вашем отделе, необходимо применить следующий алгоритм действий:

- Поздороваться;

- Представиться;

- По-возможности постараться помочь покупателю, ответить на его вопросы, предложить интересующие его модели;

- Проявить максимум внимания к покупателю;

- Ни в коем случае не оставлять покупателя одного, пока не освободится нужный ему продавец;

Если все сделаете правильно с легкостью окажетесь на втором этапе персональных продаж

1.3 Разведка возможностей покупателя

Пять причин, по которым вы должны обязательно задавать вопросы:	**Что мы можем узнать, правильно задавая вопросы:**
Чтобы покупатель почувствовал свою значимость	Что покупатель хочет?

Чтобы контролировать процесс прохождения по основным этапам продажи	Чего покупатель остерегается?
Чтобы понять потребности и желания покупателя	Когда он предполагает совершить покупку?
Чтобы вовлечь покупателя в разговор	Что он знает о нас (нашей компании)?
Чтобы узнать возможные возражения покупателя	Каковы основные критерии его выбора?

Задавайте вопросы в нужном месте, в нужной форме и в нужное время. Не превращайте выяснение потребностей покупателя в его допрос. Контролирует ситуацию не тот, кто больше говорит, а тот, кто задает больше удачных вопросов и лучше слушает. Ответы, которые мы хотим получить, часто содержатся именно в тех вопросах, которые мы задаем, поэтому, если покупатель охотно и полно отвечает на наши вопросы возможно, он пытается определиться с решением как можно быстрее.

Ваше поведение порождает поведение покупателя. Задавая миролюбивые вопросы, вы, скорее всего, получите миролюбивые ответы. Задавая агрессивные вопросы, вы получите агрессивные ответы и вполне вероятную потерю покупателя

❖ **Памятка:**

- Задавайте не более двух вопросов подряд;
- Используйте открытые вопросы;
- Задавайте вопросы в мягкой форме: используйте обороты, придающие вопросам вежливость;
- Слушая покупателя, показывайте ему, что то, что он говорит значимо и интересно для вас;
- Все внимание на покупателя: не отвлекайтесь на посторонние дела и разговоры;
- Соберите всю необходимую информацию, чтобы предложить соответствующий товар;

Для того чтобы правильно и плодотворно пройти этот этап необходимо освоить:

Техника построения эффективных вопросов:

Необходимо задавать вопросы, которые помогут покупателю раскрепоститься	«А что Вы думаете по этому поводу?» «Что Вы намерены сделать в первую

	очередь?»
Используйте вопросы, программирующие покупателя на принятие желательного для вас решения	«Вы думали приобрести это только для себя или еще и для Ваших детей?»
Задавайте вопросы на подтверждение	«Вы хотите именно это количество?» «Вы ищете наиболее эффективное решение ваших задач?»
Задавайте вопросы, перефразируя мысль собеседника	«Я правильно понял, что Вы хотите именно этого?» «Можно сказать, что Вы именно это имели ввиду?»

Находясь на втором этапе продажи, вы должны иметь ввиду, что, задавая однотипные вопросы особого успеха не добьешься, поэтому вопросы необходимо варьировать:

Открытые вопросы	Подразумевают развернутый ответ, а также позволяют получить много информации. Эти вопросы помогают выяснить отношение покупателя к процессу продажи и товару	«Какие требования вы предъявляете к …?» «Какие характеристики для вас важны?» «Какие функции вам необходимы?» «Что вы думаете по поводу этой возможности?» «Скажите, что бы вы хотели получить, используя это устройство?»
Альтернативные вопросы	Подразумевают конкретный ответ, где покупатель делает выбор из некоторого	«Что вы хотите подобрать?» «Какая техника вас интересует?»

	множества возможных ответов	«Какую марку вы предпочитаете?» «Что для вас самое важное при выборе компьютера?» «Какой цвет корпус вам больше нравится?» «Какому дизайну вы отдаете предпочтение?» «Какому производителю вы больше доверяете?»
Закрытые вопросы	Подразумевают ответ типа: «Да/Нет» с равной вероятностью	«Вам нравится эта модель?» «Вы будете использовать эту функцию?»
Вопрос типа: «Скажи мне - Да»	Подразумевает ответ покупателя – «Да»	«Ведь для Вас важно качество?» «Ведь Вы хотите экономить время?»
Вопрос типа: «Скажи мне – Нет»	Отвечая на такие вопросы, чаще всего покупатель дает ответ «Нет»	«Ведь Вы не хотите платить за электроэнергию в два раза больше?» «Разве Вы хотите каждый раз думать, о замене….?»

При помощи открытых вопросов, ориентированных на покупателя Вы должны выяснить:

Хозяина покупки: ***«Скажите, пожалуйста, а кто будет пользоваться этим …?»***

Его вкус: ***«Какие марки вы предпочитаете?»***

Его пожелания: ***«Где будет располагаться ваш …?»***

Задавать вопросы, получать ответы и анализировать их – это хорошо, но задача наша такова - мы должны продать, таким образом с***тимулируем покупателя к покупке:***

Альтернативное наступление:	«Вы успеете перевести деньги к концу месяца?» «Если мы Вам это гарантируем, то готовы ли Вы подписать договор сейчас?»

Вопросы, необходимо задавать покупателю в определенной последовательности, для того, чтобы сфокусировать его на проблеме и разрешить ее посредством нашего товара. Для этого мы должны заставить покупателя думать, то есть, активизировать его мыслительный процесс, поэтому применяем технику опроса «СПИН», включающую в себя:

Ситуационные вопросы:

Фокусировка на ситуации: открытые вопросы, направленные на выяснение общей ситуации покупателя, пока, на этом этапе, косвенно связанной с коммерческим предложением

Например: ***Вас интересует какой-то конкретный бренд?***

Проблемные вопросы:

Фокусировка на проблемах, связанных с той или иной ситуацией. Это вопросы, уточняющие суть конкретной проблемы покупателя в текущей ситуации. Проблемные вопросы помогают перейти к выяснению конкретных проблем и потребностей покупателя

Например: ***Будут ли ваши дети пользоваться …?***

Извлекающие вопросы:

Фокусировка на конкретной проблеме, связанной с вашим коммерческим предложением. Данные вопросы помогают выяснить действительные размеры проблемы для покупателя, узнать, насколько проблема для него актуальна

Например: ***Какие функциональные характеристики вам необходимы, чтобы … был максимально эффективным?***

Направляющие вопросы:

Фокусировка на решении проблемы посредством принятия вашего предложения. Эти вопросы, помогут вам перейти к презентации особенностей и выгод для покупателя вашего коммерческого предложения. Это закрытый резюмирующий вопрос, построенный с помощью вопросительной связки

Например: ***Вы бы хотели иметь ноутбук, сочетающий в себе последние модификации и разработки?***

Задавая покупателю, вопросы по методу «СПИН» не означает продавать ему его же собственные проблемы. Напротив, в***ы помогаете покупателю аргументировать его собственное решение.***

Техника СПИН – самый эффективный способ для перехода от второго этапа: выявления потребностей покупателя к этапу презентации вашего коммерческого предложения и товара покупателю.

1.4 Презентация коммерческого предложения

Не продавайте товары, продавайте приятные ощущения и решения проблем. Каждый день на покупателя со всех сторон обрушиваются тысячи призывов: прийти, попробовать, купить, использовать. Но продает тот, у кого более убедительное сообщение, поэтому на этапе презентации товара вы, как никогда должны быть профессионалом.

❖ **Памятка:**

Что необходимо четко знать:

- Где и кем товар был произведен

  Происхождение товара очень важно. История компании-производителя, ее особенности, «характер» помогут вам многое понять о товаре и его особенностях

- Для чего товар предназначен

  Здесь важно выяснить и понять «базу» применения товара

- Что представляет собой товар и как он работает

  Это самый важный пункт, который должен быть проработан особенно тщательно. Необходимо знать структуру, состав и функции важнейших элементов товара.

- Конкурентные преимущества и недостатки (!) товара

Понятно, что на рынке каждая компания хвалит и продвигает свой продукт, просто пересказывать рекламные буклеты или читать с ценового стикера спецификации бесполезно. Так делают все.

Презентация коммерческого предложения или товара должна обязательно сопровождаться презентацией компании и лично вас. Именно ваш призыв должен быть услышан и выделен на фоне многих других - увлекайте покупателя, соблазняйте покупателя выгодами, а не свойствами товара:

Сначала привлеките его внимание

Затем вызовите интерес

Потом желание обладать этим товаром

И, наконец, уверенность покупателя в нужности именно этого товара

Презентация тогда эффективна, когда она «подогнана» под определенного покупателя и конкретную ситуацию продажи. Для достойного результата используйте технику «СВ»: ***Переводите свойства товара в выгоду от его использования покупателем.*** Обратите внимание, покупателя убедит не то, что вы скажете, а то, что он из этого поймет, поэтому - говорите на языке покупателя – убеждайте его.

Алгоритм убеждения покупателя:

- Свойство, присущее вашему предложению
- Связующая фраза, типа: «Это вам позволит…»
- Потребительская выгода, вытекающая из свойства
- Вопрос пробного закрытия, типа: «Как вы считаете?»
- Пауза как возможность для покупателя что-то сказать, или принять решение

Если все сделаете правильно, то ваша презентация переведет покупателя из состояния безразличия и неопределенности в позитивный настрой по отношению к товару и к вам. Позитивные эмоции возникают у покупателя тогда, когда разговор с ним ведется на языке его выгод, потребностей и желаний. Помните, вы продаете не свойства товара, а его потребительские ценности.

Техника «Воронки»

Это техника описания только тех конкурентных преимуществ вашего товара, которые важны для покупателя.

Суть «Воронки»: отбросьте выгоды, которые не являются важными для покупателя, и выделите выгоды, наиболее важные для покупателя и составляющее ваше главное преимущество перед конкурентами – припомните информацию, полученную на втором этапе – выявления потребностей покупателя – работайте с этой информацией.
Техника исполнения «Воронки»: это избирательность презентуемых свойств товара. Вся совокупность свойств и связанных с ними выгод презентуемого товара образуют верхнюю часть воронки, а набор свойств, которые следует презентовать в первую очередь – нижнюю часть воронки.

Начинайте с малого (но не малозначительного) и важного - ведите покупателя за собой. Каждый покупатель приходит за покупкой со своими индивидуальными стремлениями и потребностями. Научитесь их распознавать и вести покупателя туда, куда он сам стремится.

❖ **Покупатель может проявлять:**

Тревожность: Если вы чувствуете, что покупатель стремится, прежде всего, обезопасить себя, то в своей презентации на первое место выдвигайте гарантию, репутацию, надежность, рекомендации.
Алчность: Если вы чувствуете, что покупатель стремится к экономии или хочет проявить предпринимательство, купить по наиболее низкой цене на рынке, то вы можете сыграть на этом.
Новизна: Есть категория людей, для которых новизна самый важный критерий покупки. Такие покупатели любят покупать новые товары, чьи названия только что промелькнули в рекламных объявлениях.
Комфорт: В случае продажи он означает те удобства, которые приобретаются вместе с покупкой товара.
Гордость: Если мы хотим сыграть на чувстве гордости покупателя, то следует подчеркивать уникальность и престижность предлагаемого товара
Привязанность: Определенный консерватизм покупателя, связанный с его приверженностью определенному стилю, марке или бренду.

Алгоритм успешной презентации:

- Комплимент покупателю
- Запоминающее начало
- Один или два статистических примера
- Вопрос к покупателю

- Использование товара как наглядности
- Проявление благодарности и уважения к покупателю

Как сделать презентацию убедительной:

- История о собственном опыте продавца об использовании данного товара;

- История о том, как другие люди имели такие же опасения относительно продукта и как затем они поняли, что это были пустые страхи;

- История о том, как другие покупатели посредством вашего товара заработали, или сэкономили деньги;

- История о пользе товара, о том, как он позволил другим людям увеличить свою эффективность и эффективность компании;

Покупатель зачастую приходит к нам за советом и рекомендацией, поэтому для него естественно задавать вам вопросы. В этой ситуации запомните правила, которые нарушать опасно:

- Не воспринимайте вопросы как знак агрессии против вас, поэтому не защищайте и не оправдывайтесь
- Не затягивайте ответы на вопросы. Отвечайте коротко, не превращайте ответ на вопрос в еще одну коммерческую презентацию. Когда вы затягиваете ответ на агрессивный вопрос, это выглядит так, будто вы оправдываетесь
- Ответив на вопрос, заданный в середине презентации, вернитесь к исходной точке презентации, не дайте увлечь себя в сторону

Отвечая на вопрос, поблагодарите покупателя, повторите его вопрос. Будьте позитивны и кратки, не отклоняйтесь от темы.
И начинаем работать с возражениями покупателей.

1.5 Техника снятия возражений покупателя

Профессионализм продавца в руках требовательных покупателей, которые только и ждут, что продавец потеряет терпение. Основными препятствиями в процессе продажи являются:

- непонимание покупателем выгод вашего коммерческого предложения;

- барьер «детской болезни несоглашательства» - в каждом из нас живет несоглашатель;

Основные источники возражений покупателя:

- покупателя устраивает ваше предложение, но он не хочет получить дополнительную информацию;
- покупатель хочет сопоставить уровень качества и цен аналогичных предложений на рынке;
- возражение как вежливый отказ на ваше предложение;

На любое возражение вы должны отреагировать двумя последовательными действиями:

- задать вопрос
- ответить по существу возражения

Покупатель может заметить вашу реакцию:

в выражении лица – 50%

в словах – 10%

в тоне голоса – 40%

Ему это может не понравиться, и он уйдет - постоянно контролируйте себя

❖ **Не допускайте:**

Негативной реакции на возражение:

- напрямую отрицать возражение
- подвергать сомнению обоснованность возражения
- игнорировать возражение
- не дать договорить покупателю возражение

❖ **Занимайтесь построением:**

Позитивной реакции на возражение:

- сделать комплимент возражению
- принять саму возможность возражения
- задать вопрос по существу возражения

Прежде чем отвечать на возражение расслабьте покупателя: Прикиньтесь дилетантом - дайте покупателю возможность почувствовать себя экспертом и проникнуться чувством собственной значимости.

❖ **Типы возражений покупателя:**

- «В другой раз»
- «Нет надобности»
- «Надо подумать»

- «Это слишком дорого»

- возражения против отдельных характеристик товара

Почти каждый день мы сталкиваемся с разными возражениями в реальной и профессиональной жизни. Имейте ввиду, что возражения, которые портят нам настроение вне периметра рабочей территории не должны проникать в рабочую обстановку и портить настроение всем остальным.

В магазине возражение может возникнуть на этапе выбора и демонстрации товара. Мы часто слышим: ***«Мне не нравится эта модель, потому что у нее большие размеры», «Я слышал об этом производителе плохие отзывы», и тд.***

Возражение – это запрос на дополнительную информацию. Любой человек по природе склонен сомневаться.

Возражение рождается из:

- неуверенности покупателя в правильности сделанного выбора
- боязни совершить ошибку
- показать свою некомпетентность в приобретаемом товаре
- быть «одураченным» продавцом.

Также возражение у покупателя возникает в тот момент, когда продавец не уточнил его потребности по фирме, форме и функциям товара.

❖ **Что может произойти, если не правильно работать с возражениями**

Если мы скажем покупателю: «Нет, это не так…», «Нет, вы не правы…»

Мы ставим свое мнение против мнения покупателя, что снижает уровень доверия покупателя к нам, и даже может привести к потери покупателя.

Запомните покупателю нельзя говорить НЕТ, НО, НЕ!!!

Если мы просто скажем покупателю: «Да, Вы абсолютно правы», «Да – это действительно плохой фотоаппарат», «Да действительно у конкурентов этот фотоаппарат стоит меньше»

Мы тоже потеряем покупателя и, скорее всего и работу, поскольку продавцы, снижающие лояльность покупателей к компании не нужны.

Итак, возражать покупателю нельзя, полностью соглашаться с возражением покупателя тоже нельзя – все это ведет к снижению продаж. Применяем технологию **«Психологического Айкидо»**

Технология работы:

Первый шаг:

Необходимо снять возражение

Как мы уже знаем, ставить свое мнение в противовес мнению покупателя нельзя и полностью соглашаться с возражением покупателя тоже нет смысла

Поэтому:

Снимаем возражением частичным согласием с мнением покупателя. Заходим со стороны мнения покупателя и снимаем возражение - пристраиваемся к мнению покупателя (частично соглашаемся и постепенно меняем его на свое мнение (как в борьбе Айкидо – борец для победы использует силу соперника).

Далее:

Частичное согласие влечет за собой действие – Аргументированный ответ, иначе из частичного согласия оно может превратиться в полное, что в наши задачи не входит.

Второй шаг:

Построение аргументированного ответа

Однако, Зато – Аргумент

Аргумент – содержит максимальное количество выгод по товару/услуге, по месту его приобретения. Задача продавца снять возражение и привести убедительные аргументы на языке выгод для покупателя, таким образом, способствовать принятию решения покупателем.

Главное в этот момент быть уверенным в словах и действиях, внушая свою уверенность покупателю. Любое колебание продавца усиливает степень сомнений, и покупатель выдвигает еще больше возражений. Прежде чем дать ответ на возражение, помните о том, что ваше мнение должно учитывать требование компании о клиентоориентированном обслуживании и ни в коем случае не противоречить мнению покупателя. Иначе возникнет конфликт, при котором произойдет столкновение двух мнений.

Третий шаг:

Задайте покупателю вопрос

Снятие возражения и аргументированный ответ не будут эффективны, если мы не переведем покупателя к действию. Самый простой способ перевести покупателя к действию – это задать закрытый вопрос, ответ на который – Да или Нет. К примеру: *«Правда – это здорово? Показать Вам этот ...?»*

- **Существует четыре способа снятия возражения**

  1. ***Психологическая пристройка к возражению***

хорошо, что Вы обратили внимание….

хорошо, что Вы заметили….

Главное здесь выделить ту часть (элемент) на который обратил внимание покупатель ранее. Психологическую пристройку используем в тех случаях, когда покупатель возражает, основываясь на своем представлении, мнении, суждении (я думаю; мне кажется; по-моему мнению и тд.)

Мы поощряем высказывание покупателя

Покупатель:

«Мне кажется, ... не та фирма, которой следует доверять в производстве ... »

Продавец:

«Хорошо, что вы обратили внимание на фирму производителя ... »

Аргументированный ответ:

«На сегодняшний день эта фирма является одной из крупнейших фирм производителей …, с широкой сервисной поддержкой почти во всех странах мира»

Вопрос:

«Показать Вам эту модель ноутбука?»

2. *Частичное согласие*

да, есть такое мнение

да, я это тоже слышал

Частично согласиться следует в том случае, когда покупатель использует внешний источник информации (мне сказали; я слышал; почитал в Интернете и тд.). В этой ситуации, мы сообщаем покупателю, что тоже владеем подобной информацией и это нас нисколько не удивляет, ведь сколько людей – столько и мнений, однако мы то знаем, что все иначе.

Покупатель:

«Мне сказали, что у этого ... плохой прием»

Продавец:

«Да, мне тоже такое говорили»

Аргументированный ответ:

«Как показывают последние тесты, сейчас фирмы производители в современных моделях ... применяют новейшую технологию, что делает их значительно надежнее»

Продавец:

«Показать вам эту модель ...?»

3. Обозначить общность

а все… такие

В большинстве моделей товара встречается обобщающий признак, который может вызвать возражение покупателя. В этих случаях, применяем фактор общности, что всюду и все так же, как и у нас, куда бы покупатель не отправился.

Покупатель:

«Я слышал, что этот цифровой фотоаппарат быстро сажает аккумуляторы»

Продавец:

«Да, действительно, абсолютно любой цифровой фотоаппарат ограниченно работает от одного заряда аккумуляторов»

Аргументированный ответ:

«Поскольку используется комплектующие с высоким потреблением энергии, к примеру, процессор, Жк дисплей, матрица»

Задаем вопрос:

«Для решения этой проблемы вы можете купить у нас, дополнительно зарядное устройство с набором аккумуляторов. Показать вам его?»

4. Повторение ключевых слов возражения

Повторение с вопросительной интонацией и выдерживанием паузы, чтобы покупатель мог развернуть и уточнить свою мысль. Эту технику мы используем, в тех случаях, когда нам не понятно о чем идет речь и мы хотим это уточнить.

Покупатель:

«К этой модели не найти аксессуаров»

Продавец:

«Не найти аксессуаров…?»

Покупатель более точно описывает, какой аксессуар он имеет ввиду.

Аргументированный ответ:

«Это самая новая модель, а аксессуары к новым моделям фирмы производители поставляют немного позже. Зато у нас есть сертифицированные аксессуары сторонних производителей»

Задаем вопрос:

«Давайте подберем?»

Используя аргументированный ответ, избегайте применения:

НО – ставит под сомнение компетентность покупателя

ЕСЛИ – создает условие, что косвенно может привести к снижению кредита доверия покупателя.

Данная техника снятия возражений покупателя, тем не менее, не является «панацеей от всех болезней»

Иногда покупателю проще предложить другую модель. Поскольку возражение может появиться и по вашей вине.

1.6 Завершение продажи. Техники заключения сделки

Сделав все грамотно и правильно на предыдущих этапах, вы пришли к наиболее сложному и ответственному делу - завершению продажи. Этот этап характеризуется тотальной нестабильностью. Мы можем сиюминутно потерять все, что нарабатывали в течение предварительной психологической обработки покупателя. В момент принятия решения о покупке у потенциального покупателя возрастает чувство страха, что он совершает ошибку, в то же время вы, как продавец и ответственное лицо перед своей компанией все больше начинаете бояться отказа. При этом обе стороны знают, что в игру вступают деньги и чувство собственного достоинства.

Всегда имейте ввиду, пока покупатель не скажет «Да» - он независим от продавца. Он может принять или отвергнуть предложение, оценить его достоинства, сравнить товар с предложениями конкурентов и согласиться или не согласиться на покупку. Покупатель не хочет ни от кого зависеть, а особенно от продавцов.

Чем крупнее и серьезнее покупка, тем больше вероятность, что в кульминационный момент покупателя остановит политика его фирмы, страх или лень. Даже если у вас прекрасный контакт с покупателем вы должны как хирург, быть готовым к тому, чтобы в решающий момент действовать решительно и разумно. Покупатели ждут, когда вы их подтолкнете к действию

❖ **Условия результативной сделки:**

- ***У покупателя должно быть желание приобрести то, что вы продаете:***

Вы должны заинтересовать покупателя и вызвать у него потребность в вашем товаре. Покупатель должен ясно дать вам понять, что ваше коммерческое предложение ему импонирует, и захотеть купить ваш товар;

- ***Покупатель должен доверять вам и вашей компании:***

Покупатель должен быть полностью уверен, что вы и ваша компания в состоянии выполнить данные ему обещания. Своей презентацией вы должны убедить покупателя в том, что он может полностью положиться на вашу компанию;

- ***У покупателя должна быть потребность в вашем товаре:***

Должно быть очевидным, как для вас, так и для вашего покупателя, что товар поможет ему за разумную цену достичь цели;

- ***Покупатель должен полностью понимать сущность и область применения товара:***

У покупателя должна быть полная ясность в том, что и зачем он получает и как это следует использовать. Он должен понять, с какими обязательствами это связано и какие последствия будет иметь для него данная покупка. Вы должны терпеливо объяснить покупателю все эти вопросы, чтобы он хорошо знал обо всех последствиях, связанных с этой покупкой;

- ***Продавец должен быть решительно настроен на завершение продажи:***

Вы должны сами быть убеждены в выгоде, которую получит покупатель от использования купленного у вас товара, и должны быть готовы помочь покупателю в осознании этой выгоды;

- ***Продавец должен быть готов к отказу и, несмотря на это, продолжать продажу:***

Вы должны умело работать с возражениями и претензиями покупателей;

- ***Продавец должен быть готов выдержать паузу после того, как будет задан заключительный вопрос:***

Чем дольше продолжается молчание, после того, как вы задали заключительный вопрос, тем больше шанс, что покупатель согласится на покупку;

Тот, кто прерывает паузу, чаще всего проигрывает

Будьте внимательны и сможете вовремя «зацепить» покупателя, сориентировав его на покупку. Обращаем внимание на невербальные сигналы покупателя: мимику, жесты…, поскольку словесная информация, которую передает вам покупатель, составляет только 7%, 38% идет от его интонации, а остальные 55% он передает с помощью невербального выражения.

❖ **Следите за покупателем**

1 сигнал: Вопрос о цене и условиях продажи

«Сколько это стоит и как можно это оплатить?»

Когда вы услышите этот вопрос, можете приступать к завершению продажи и заключению сделки. Отвечайте на этот вопрос вопросом:

«Как скоро вы хотите все оформить?», «Хотели бы вы получить товар прямо здесь или вам необходимо его доставить?»

2 сигнал: Вопрос о деталях

Когда покупатель спрашивает о деталях, касающихся какого-то качества товара, можно легко определить главный фактор его мотивации в покупке. Когда вы слышите подобные вопросы, необходимо направить свои аргументы именно на эти аспекты товара.

3 сигнал: Вопросы, касающиеся поставки

Независимо от срока, который укажет покупатель, это значит, что он уже решился на покупку.

4 сигнал: Пересчет стоимости покупки

Вы будете знать, что настал момент перехода к завершению продажи, когда покупатель начнет вести подсчет, чтобы установить, сколько будет стоить товар, какие формальности необходимо выполнить. Когда покупатель ведет расчеты, нужно подождать. Не прерывайте его. Он не может одновременно считать и слушать то, что вы ему говорите. Когда он закончит и посмотрит на вас, можете спросить:

«Так какую модель вы выбираете?»

5 сигнал: Вопросы, выражающие желание отложить решение

«Откуда я знаю, что это действительно хороший товар?», «Вы уверены, что это правильный выбор?»

Подобные сомнения у покупателя возникают, как правило, уже после того, как он решил, что хочет иметь данный товар и может себе это позволить. Вы должны уверить покупателя, что он принял правильное решение:

«Это хороший выбор! Вы будете им довольны!»

6 сигнал: Перемены в «языке тела»

Есть два типа поведения покупателей , когда они готовы к покупке товара:

- поза «кофейника»
- поза «мыслителя»

Поза «кофейника»

Покупатель наклоняется вперед, одной рукой подпирает бок, а другую кладет на колено. Если вы представите, что его голова – крышечка кофейника, а рука, упирающаяся в бок, - ручка, то увидите кофейник. Это поза готовности: покупатель напоминает спринтера, готового взять старт.

Поза «мыслителя»

В какой-то момент презентации покупатель замолкает, а его рука тянется в направлении подбородка. Голова наклонена в направлении руки, покупатель погружен в мысли

В этот момент покупатель думает о том, как лучше купить ваш товар. Он уже не видит и не слышит вас.

7 сигнал: Внезапный порыв добросердечности

Покупатель уже избавился от страхов и неприязни, поэтому становится дружелюбным. Его больше не угнетает необходимость принятия решения. Он раскрепощен и готов к покупке. Чтобы убедиться, что все именно так и обстоит, улыбнитесь и скажите: *«Какой цвет вам больше нравится?», «В какие сроки вам доставить товар?»*

Увидели, что покупатель готов к покупке. Стоит ли на этом останавливаться?!

НЕТ – переходим к техникам стимулирования продажи:

Вы видите, что покупатель:

- заметно оживляется
- заинтересованно смотрит на конкретную модель дольше, чем на другие
- начинает внимательнее слушать вас
- начинает раскованнее говорить сам, либо активно задавать вопросы
- меняет «закрытую» позу на «открытую»

Вы уже знаете:

- покупателю нужен ваш товар
- вы озвучили не менее трех выгод для данного покупателя (желательно 5-7)

Переходите к вопросам, стимулирующим продажу

«Совместное действие»:

«Ну что, берем?» (выписываем, заворачиваем, оформляем?)

«Если…, то»:

«Если мы доставим завтра, вы сможете оформить заказ сейчас?»

Альтернативный мягкий вопрос:

«На какой адрес вам доставить?»

Альтернативный жесткий вопрос:

«Вам доставить 12-го или 14-го?»

«Вы остановились на белой или серебристой модели?»

❖ Универсальный метод:

Правило **«Подведения итогов - РЕЗЮМЕ»**

В конце продажи необходимо заново перечислить наиболее важные для покупателя преимущества и выгоды. После каждого преимущества или выгоды постараться получить подтверждение сказанного наглядной реакцией со стороны покупателя.

Используем технику трюизма:

Три вопроса, на которые покупателя со 100% уверенностью ответит «Да»

Делаем паузу

И…

Выписываем счет

Для того, чтобы стимулировать и завершить продажу необходимо:

Задать вопрос…и сделать паузу.

Глава 2: Учимся корректному обслуживанию

На пути к гармоничному сервису

2.1 Разрешение конфликтных ситуаций в продаже

Если возникла конфликтная ситуация, самое главное – умение занять правильную позицию, выбрать правильную линию поведения. Прежде всего, необходимо понять для себя, что мешает уладить конфликт, а что, наоборот помогает. Мешают, в первую очередь конфликтогены, то есть, слова, поступки, движения, вызывающие обиду и агрессию.

Ни в коем случае не отвечайте конфликтогеном на конфликтоген. В этой ситуации в действие вступает известный закон Ньютона: «Сила действия равна силе противодействия». И как следствие, чем больше вы проявляете агрессии, тем больше вы получите агрессии в ответ. Возьмите за правило - спокойствие, юмор, игнорирование нападок. В зависимости от ситуации используйте наиболее подходящий инструмент. Имейте ввиду, конфликты не возникают сами по себе, зачастую мы сами являемся главной их причиной.

❖ **Причины конфликтов в продажах со стороны продавцов:**

- Различия в целях продажи с покупателем
- Различия в представлениях и ценностях по поводу товара и его функциональности
- Различия в манере поведения с покупателем
- Плохие коммуникации с покупателем
- Неумение и нежелание слушать покупателя

Ваша задача здесь, внимательно слушать покупателя и доброжелательно относиться к его пожеланиям. Однако, нередко причиной конфликтов являются сами покупатели, в особенности их эмоции.

❖ **Причины конфликтов в продажах со стороны покупателей:**

- Неумение контролировать себя
- Повышенная тревожность
- Агрессивность
- Некоммуникабельность
- Чрезмерная принципиальность

Ваша задача здесь, успокоить, проявить понимание и поддержать покупателя.

Поведение продавца, приводящее к возникновению конфликта:

- Перебивание покупателя при высказывании им своего мнения
- Несдержанность
- Открытое проявление личной антипатии к покупателю
- Придирки к покупателю
- Принижение значимости роли покупателя
- Подчеркивание разницы между собой и покупателем не в его пользу
- Постоянное навязывание покупателю своей точки зрения
- Неискренность
- Нарушение персонального пространства покупателя
- Резкое ускорение темпа беседы с покупателем, ее неожиданное свертывание
- Игнорирование попыток покупателя сгладить противоречия

Имейте ввиду специфику эмоционального состояния покупателя в конфликте:

Страх

Гнев

Раздражение

Апатия

И как результат, обвинение во всех своих бедах продавца. Ошибочные действия продавцов в этих ситуациях следующие:

Не дать покупателю полностью выговориться, «выпустить пар»

- Не «сопереживать» вместе с покупателем
- Предложить собственное решение проблемы
- Не назвать конкретного срока решения вопроса, удовлетворения претензии

Алгоритм успешного удовлетворения потребностей покупателя:

- **Шаг первый**

Жалующийся покупатель переполнен эмоциями и поэтому не слышит веских аргументов. Единственное, что он хочет услышать в данный момент – это полное удовлетворение его претензий. Таким образом, предоставим ему возможность «выпустить пар»

Внимательно слушаем и не перебиваем покупателя

- **Шаг второй**

Чего хочет покупатель помимо удовлетворения своих претензий? Он хочет видеть, как продавец переживает. И это не зависит от того, виноват ли сам продавец в случившемся. Что делать: ***Сострадать: «Мне очень жаль, что это случилось именно с вами»***

- **Шаг третий**

Дать возможность покупателю принять устраивающее его решение. Не предлагать самому пути решения проблемы. Если предложение продавца будет хуже того, что ожидал услышать покупатель. Примет ли он его???

Как вариант: ***«А что бы вы предложили?»***

- **Шаг четвертый**

Договориться о сроке удовлетворения претензий покупателя: ***«Я пытаюсь сделать для вас все возможное. До какого времени вы могли бы потерпеть? Вы позвоните сами или оставите свой телефон?»***

Ваши действия:

1. Проявляйте внимание и доброжелательность к покупателю
2. Проявляйте терпимость к особенностям покупателя, покажите свое искреннее сочувствие
3. Будьте сдержанны, контролируйте свои движения, речь, мимику
4. Дайте покупателю полностью выговориться, внимательно выслушайте его
5. Отвлеките внимание покупателя от болезненного вопроса, хотя бы на короткое время
6. Проведите грамотную технику убеждения покупателя

❖ **Как убедить покупателя?**

Убеждайте доброжелательно, вежливо простыми, ясными и точными понятиями. Ведите аргументацию корректно по отношению к покупателю:

- открыто и сразу признавайте правоту покупателя, если он прав;

- продолжайте оперировать только теми аргументами и понятиями, которые уже приняты покупателем;

- сначала отвечайте на аргументы покупателя, и только потом приводите свои собственные;

- в любой ситуации сохраняйте вежливость;

Учитывайте личностные особенности покупателя

- нацеливайте вашу аргументацию на цели и мотивы покупателя;

- старайтесь избегать простого перечисления фактов и аргументов, лучше покажите покупателю их преимущества;

- используйте только понятную покупателю терминологию;

- соизмеряйте темп и насыщенность вашей аргументации с особенностями ее восприятия покупателем;

Помните:

> ***Излишне подробная аргументация «разжевывание» для покупателя вашей идеи, может вызвать резкое неприятие со стороны покупателя***

❖ **Специальные техники аргументации**

- **Техника «Салями»**

Заключается в постепенном подведении покупателя к полному согласию с вами, путем получения от него согласия сначала в главном, а затем в необходимых для полного согласия частностях.

- **Техника положительных ответов**

Заключается в построении вашего разговора с партнером, таким образом, чтобы он на ваши первые вопросы, отвечал: «Да…, Да…, Да…». В последующем ему будет намного проще соглашаться с вами и по более существенным вопросам.

- **Техника одного сильного аргумента**

Заключается в согласии с высказываниями покупателя по всем вопросам. Соглашаясь с мнением покупателя, вы внезапно опровергаете все его доказательства с помощью одного сильного аргумента.

- **Техника замедления темпа**

Заключается в умышленном замедлении темпа и проговаривании вслух наиболее слабых мест в аргументации покупателя

Алгоритм поведения продавца-консультанта с конфликтным покупателем

1. Проявите внимание и доброжелательность к покупателю;
2. Создайте атмосферу сотрудничества, с готовностью отвечайте на поставленные вопросы и запросы, не тяните, не медлите;
3. Будьте сдержанны, контролируйте свои движения, речь, мимику, ведите себя профессионально;
4. Проявляйте терпимость к особенностям покупателя, покажите свое искреннее сочувствие;
5. Настройтесь на позитивное отношение к покупателю, не смотрите на него как на врага;

6. Дайте покупателю полностью выговориться, внимательно выслушайте его: не спешите реагировать, выдержите паузу;
7. Отвлеките внимание покупателя от болезненного вопроса, хотя бы на короткое время;
8. Высказывайте покупателю не готовые оценки и мнения, а стремитесь к выработке совместных решений с покупателем;
9. Прежде чем отвечать на критику, замечания и упреки в работе – четко уясните – что конкретно имеется в виду. Вы должны быть уверены, что все правильно поняли;

Постарайтесь получить от покупателя обоснованные претензии:

- Сокращайте число предъявляемых претензий: ***«Ваши претензии помогут мне улучшить работу, поэтому выделите самое важное и первостепенное»***

- Переводите эти претензии на уровень конкретного результата, который желает иметь покупатель

- Попросите у покупателя совета, как бы он устранил то, что вызвало его претензии

Сбивайте возможную агрессию покупателя неожиданными приемами:

- Попросите у покупателя совета

Если конфликт переходит в скандал, то замолчите первым. Люди чувствуют себя неловко в молчании, особенно, если не правы или не уверенны в своих высказываниях. Всячески избегайте характеристик эмоционального состояния покупателя. Фразы типа:
«А собственно, что произошло»
«Ну, чего вы нервничаете»
«Успокойтесь, пожалуйста» - только укрепляют и усиливают конфликт.

2.2 Телемаркетинг в вашей работе

Запомните

Ваш голос – ваше главное оружие! Он должен быть уравновешенным и уверенным

Улыбайтесь даже телефонной трубке

Если звонят вам…

Всегда рядом с телефоном держите карандаш и бумагу

Отвечая, называйте своё имя и компанию

Если вы не можете сразу ответить на вопрос, то:

Передайте содержание разговора человеку, знающему данную проблему

Спросите, можно ли перезвонить сразу же, как выяснится вопрос

Спросите, может ли собеседник подождать

Если для этого требуется много времени, сообщите об этом собеседнику и спросите, может ли он подождать или лучше перезвонить попозже

Выяснив вопрос, поблагодарите собеседника и извинитесь за то, что заставили его ждать

Старайтесь избегать: 12 ошибок около телефонного аппарата

- Не поднимайте трубку сразу после первого звонка
- Не кричите в трубку, думая, что собеседник плохо вас слышит, порождая шум собственным же криком
- Не говорите традиционное «алло», которое совершенно не содержит информации
- Не грубите, если абонент попал не по адресу
- Не молчите долго, тем самым, создавая впечатление, что вас с абонентом разъединили
- Не говорите о вопросах, не подлежащих оглашению
- Не занимайте телефон надолго, не забывайте, что он нужен и другим
- Не разговаривайте громко и эмоционально, не мешайте другим работать
- Не используйте служебный телефон в рабочее время для частных разговоров

Когда снимать трубку?

Если вы снимаете ее, не дождавшись первого звонка, то у звонившего может создаться впечатление, что вы, либо ничем не заняты на работе, либо, ведя с кем-то разговор, хватаете трубку, проявляя, тем самым, неуважение к посетителю. Поскольку по правилам деловой этики положено беспокоить не более чем четырьмя звонками, то поднимать трубку рекомендуется после второго звонка. Заканчивает разговор позвонивший:

- будьте кратки
- будьте тверды
- умейте вовремя остановиться

❖ ***Психологические тонкости общения по телефону***

Темп речи

Когда разговариваете по телефону, говорите медленно. Быстрая речь может указывать на нервозность, неуверенность, мошенничество. Люди любят слушать неторопливый, ровный, уверенный голос.

Старайтесь говорить более низким голосом

Низкий голос звучит внушительнее, однако не следует говорить тихо. Если вы будете тяжело дышать, ваши собеседники могут заподозрить, что вы что-то скрываете от них.

❖ ***Приемы достижения расположения собеседника***

Называйте человека по имени-отчеству

Это создаст между вами атмосферу особой доверительности и усилит внимание со стороны собеседника. Людям всегда приятно услышать свое имя.

Говорите ясно и определенно

Человек, который говорит безо всяких околичностей, завоевывает внимание и расположение слушателей. Человек, который говорит конкретно и лаконично выглядит настоящим профессионалом.

Используйте в речи действительный залог

Говорите: ***«Мы подпишем контракт…»,*** а не «Контракт будет подписан…». Действительный залог побуждает подсознательно к действию и заставляет внимательнее слушать то, что тебе говорят.

Слушайте внимательно

Слушайте внимательно для того, чтобы услышать и понять наиболее важные аргументы своего собеседника.

Используйте слова, способные привлечь внимание

Слова эти зависят от содержания разговора и от интересов слушателя. Наиболее привлекательны с точки зрения концентрации внимания такие слова, как: ***«деньги», «прибыль», «быстро», «достоинство», «эффективность».***

Будьте вежливы и учтивы

Следует говорить: ***«Если вы не против», «Благодарю вас за то, что вы уделили мне свое время», «Я ценю ваш интерес».***

Вам звонит клиент

Правило 1

Как только вы сняли трубку, вы ответственны за решение проблем клиента и должны оказать ему помощь, даже если это не входит в ваши должностные обязанности.

Правило 2

Вы, как сотрудники, принимающие звонки, должны быть информированы, компетентны и грамотно изъясняться.

Применяем основные правила бизнес – этикета:

1. Поприветствуйте звонящего. Есть разные формы приветствия: «Доброе утро» или «Добрый день», «Здравствуйте»;
2. Обязательно назовите компанию: звонящему важно быть уверенным, куда конкретно он попал;
3. Выясните цель звонка, и чем вы можете помочь клиенту;
4. При переключении разговора на других сотрудников компании не заставляйте клиента ждать более 30 секунд;
5. Поблагодарите клиента за звонок. Помните: начало и окончание разговора должны быть эмоционально положительными;

Правило 3

Ваши реакции на вопросы и жалобы клиента, - тест на ваш профессионализм. Подготовьте сценарии ответов на типовые жалобы и вопросы клиентов;

Пять правил ответа на вопрос клиента:

1. Поблагодарите за вопрос;
2. Уточните вопрос, если что-то не поняли;
3. Если время позволяет, повторите вопрос;
4. Будьте позитивны, сделайте комплимент вопросу;
5. Будьте кратки: если вы слишком затягиваете ответ, возникает ощущение, что вы оправдываетесь;

Правило 4

Разговаривая с клиентом, внимательно слушайте его, вовлекайте его в разговор

Не создавайте тишину на другом конце провода: подбадривайте собеседника и контролируйте во время разговора.

Правило 5

Создавайте значимость вашего собеседника: ваш интерес к собеседнику, порождает у него интерес к вашему предложению.

Правило 6

Не заставляйте клиента ждать. Время – один из главных компонентов качественного обслуживания.

Правило 7

Каждый звонок клиента – плод усилий всех служб компании. Знайте цену каждого звонка – что он может принести, и что вы можете потерять.

Правило 8

Клиенты склонны эмоционально запоминать то, что было вначале разговора и принимать как руководство к действию то, что было в конце.

2.3 К вам пришел иностранец

Достаточно часто покупки в наших магазинах совершают иностранцы. Работать с ними необходимо по определенной схеме, подстраиваясь под их личностные характеристики и предпочтения. В каждой стране существуют свои стандарты и своеобразные ожидания в обслуживании. Мы должны предоставить клиенту то, что он ждет.

В магазин зашел американец:

Американцы при решении вопросов пристальное внимание обращают на детали. Они ценят в людях открытость и честность, быстро переходят к сути дела, не тратя времени на формальности. Они не любят перерывов в беседе, ценят в людях пунктуальность и конкретность. Американцы умеют и любят торговаться, их не пугает риск, их пугает некомпетентность партнера. **Покажите себя настоящим профессионалом!**

В магазин зашел англичанин:

Англичане к любому вопросу подходят с прагматической точки зрения. Приветствуют инициативу с другой стороны, но непоколебимы во всем, что касается правил и законов. Их девиз: «Fair play» - «Честная игра». Честности и корректности они ждут и от вас. Англичане сдержаны в суждениях, избегают категорических утверждений, обходят в разговоре любые личностные моменты. Они будут терпеливо вас выслушивать, практически не возражать. Но, имейте в виду, их внешнее спокойствие и умиротворение, отнюдь не означает итогового согласия с вашим предложением.

В ходе переговоров с англичанами неизбежно возникают паузы, которые американцы не любят, а с англичанами, наоборот, никогда не нужно бояться пауз в разговоре и молчания. Многословием и лишними разговорами можно только повредить. **Будьте тактичны и корректны!**

В магазин зашел итальянец:

Итальянцы экспансивны, порывисты, отличаются большой общительностью. Они энергичны и активны при установлении контактов, стремятся не затягивать решение организационных вопросов, охотно идут на альтернативные варианты соглашения. Они импульсивны в принятии решений и доверяют людям. **Станьте его проводником в мир товаров и услуг компании!**

В магазин зашел кореец:

Корейцы - открытые, коммуникабельные, воспитанные люди. Но переговоры предпочитают вести напористо и агрессивно. Для них важна ясность и четкость изложения мыслей и предложений со стороны партнеров. Чаще всего они не выражают открыто своего несогласия с позицией партнера, не стремятся доказать его неправоту. Поэтому при общении с ними не следует употреблять выражений типа «надо подумать», «решить этот вопрос будет нелегко» и т.п., поскольку они будут восприняты противоположной стороной как констатация их неприемлемости, по крайней мере на данном этапе. Корейцы, в отличие от японцев, не любят заглядывать далеко в будущее, их куда больше интересует непосредственный, ближайший результат собственных усилий. **Не вводите их в заблуждение витиеватыми объяснениями!**

В магазин зашел немец:

Начиная общение немцы твердо уверенны в том, что придут к какому-то соглашению с партнером. Они очень ценят пунктуальность, известны своим педантизмом, поэтому, ведя с ними переговоры, необходимо строго придерживаться протокола. Свою позицию они прорабатывают весьма тщательно, предпочитая обсуждать вопросы последовательно: не закончив с одним, едва ли согласятся перейти к следующему. Немцы ценят честность и прямоту. Очень любят приводить факты и примеры. Неравнодушны к цифрам, к схемам, к диаграммам – они конкретные покупатели. Во время общения с ними, надо быть логичным в аргументации и точным в изложении фактов. **Строго соблюдайте этапность в продаже!**

В магазин зашел француз:

Французы любят досконально изучать все аспекты и последствия поступающих предложений, поэтому общение с ними проходит в медленном темпе. Любые попытки ускорить общение может лишь навредить делу. Французские партнеры могут перебивать собеседника, чтобы высказать критические замечания или контраргументы, но они не склонны к торгу. Не любят сталкиваться в ходе переговоров с неожиданными изменениями в позициях партнеров, поэтому большое значение придают достижению предварительных договоренностей. Они крайне чувствительны к ошибкам иностранцев в произношении. **Соблюдайте дистанцию!**

В магазин зашел японец:

Японцы трудолюбивы, привержены традициям, дисциплинированы, вежливы и аккуратны. Они отличаются пунктуальностью, чрезвычайно щепетильны и очень ответственно относятся к принимаемым на себя обязательствам. Японцы внимательно выслушивают точку зрения собеседника до конца, не перебивая его и не делая никаких замечаний. Во время беседы он может несколько раз кивнуть головой, но это не означает, что он согласен с вами, а лишь свидетельствует о том, что он понял смысл сказанного. Японцы стараются не вступать в открытую конфронтацию с собеседником. Если они хотят сказать "нет", то, скорее всего, скажут, что "это трудно". Когда японцы встречаются с очевидной уступкой со стороны партнеров, они часто отвечают тем же. **Раскройте перед ними все преимущества работы именно с вами!**

Поскольку международным языком является – английский, то мы, даже, не обладая отличным его владением, должны не растеряться в нестандартной ситуации общения с иностранцем и выйти из нее достойно.

Глава 3: Техника корпоративных продаж

Искусство моделирования продажи корпоративному клиенту B2B

3.1 Корпоративная продажа и менеджер по работе с клиентами

Немалую ставку современные торговые компании делают на продажи корпоративным клиентам. Связано это с тем, что данная технология продаж имеет под собой большую финансовую рентабельность и, соответственно прибыль для компании.

Компании разрабатывают стратегии по внедрению своих товаров и услуг на рынок, формируют отделы по работе с корпоративными клиентами, набирают подходящих людей и начинают работу. Зачастую эти люди приходят из розницы, начиная в новой должности внедрять старые принципы работы. Это не правильно!!!

Продажу корпоративному клиенту необходимо четко моделировать и постоянно контролировать. При подобной постановке цели в работе вы получите отдачу не только в виде единовременной прибыли от перспективного клиента, но и стабильный доход компании от постоянного и лояльного.

Главная задача менеджера по работе с корпоративными клиентами – не только сама продажа, но и «удержание клиента», после того, как продажа была совершена.
Таким образом, вам необходимо произвести с клиентом определенную метаморфозу:

Потенциального клиента превратить в реального, разового превратить в постоянного, а постоянного – не потерять и не дать ему «уснуть».

Это основная задача в вашей работе, целью же всего процесса является – доходность продажи и, как следствие прибыль компании. Прежде всего, необходимо понять, что вы сами ответственны за тот результат, который получите в итоге - все зависит от вашей активности личностной и профессиональной.

В идеале ваша работа должна включать не только контакты с клиентом на территории вашей компании и тогда, когда клиент сам обратится к вам, но и выезды к клиенту для деловых переговоров на его территории, и поддержание отношений с клиентом «вне» времени продажи, что подразумевает под собой деловую активность и смекалку: необходимость напоминания клиенту о себе, ненавязчивую заинтересованность в его делах и планах. Все это для того, чтобы в нужный момент – оказаться в нужном месте.

Продажа корпоративному клиенту – это не алгоритм заученных действий, это тонкая психологическая игра

Только так, вы сформируете базис дальнейших долгосрочных отношений с клиентом. Чем более близкий контакт с клиентом вам удастся наладить, и чем больше активности вВы проявите в общении с клиентом, тем больше вы заработаете.

Главная цель любой профессиональной деятельности – это заработок, именно этим измеряется ваша социальная конкурентоспособность и статусность. Средством достижения является работа. Для того чтобы достойно зарабатывать, вам необходимо быть гибким: не пренебрегайте звонками к клиентам и телефонными разговорами с ними, вас не должны посещать мысли, типа: «Я не могу сам звонить и беспокоить людей – пусть лучше они мне звонят, если им надо». Ваша работа, отчасти и заключается в том, чтобы как можно более часто и настойчиво, но при этом не навязчиво, их беспокоить.

Забота и внимание к людям – залог долгосрочных взаимоотношений и, отнюдь не раздражающий фактор для них

- **Каким Вас должен увидеть клиент:**

Для такой работы, помимо владения специальной информацией о товаре, иначе говоря, спецификациями товара, требуются и конкретные коммуникативные умения, поскольку разговор придется поддерживать не только на профессиональную, но практически на любую тему, именно это позволит деловые отношения превратить в более близкие, а разового клиента в постоянного. Вы должны не только консультировать и удерживать клиентов, но и привлекать их, а периодически – еще и искать. Это означает, что вы самостоятельно обзваниваете фирмы, которые могли бы быть вашими клиентами, наносите им визиты, проводите встречи-переговоры и, в итоге убеждаете их в необходимости и целесообразности закупки именно у вас.

Вы должны обладать следующими качествами:

- Внутренним равновесием и позитивной установкой на продажу;
- Хорошим настроением и иметь ухоженный вид (от него также поднимается настроение);
- Преданностью своему делу, трудолюбием и настойчивостью;
- Уверенностью в себе;

- Полной осведомленностью о предлагаемом товаре (в рамках ваших профессиональных компетенций);

- Профессионализмом;

- Умением расспрашивать и слушать покупателя;

- Умением проводить результативные презентации;

- Умением рассеять сомнения покупателя;

- Способностью трезво оценивать ситуацию;

- Способностью организовать свой труд;

А также умениями:

- Быстро входить в контакт, располагать к себе собеседника;

- Наглядно и убедительно проводить торговую презентацию своего коммерческого предложения;

- Правильно выяснять и четко понимать суть значимой проблемы клиента;

- Быстро находить адекватное решение в ситуации несформированного запроса клиента;

- Продуктивно работать с возражениями клиентов;

- Сформировать потребность клиента;

Далее, необходимо четко продумать тактические действия по их внедрению. Как же вам следует строить свою работу, чтобы успешность завершения всего процесса продажи была максимальной? Первый вопрос, над которым стоит задуматься: Что влияет на конечный результат продажи? Чему я, как менеджер определенного корпоративного проекта должен уделять больше внимания, а чем я могу пренебречь?

Давайте представим себе клиента, у которого вполне сформировалась потребность в определенной покупке и он находится в таком состоянии, когда взвешиваются последние доводы «за» и «против» (пока не будем брать во внимание зависимость от различных интересов в компании корпоративного клиента). На основании каких фактов он принимает окончательное решение? Какие аргументы берутся им в расчет?
Как он принимает решение о покупке и о том:

- что купить – какую конкретную модель товара

- где купить – в какой компании

- когда купить – прямо сейчас, под воздействием спонтанных настроений, или несколько позже, хорошо все взвесив.

Все зависит от различных факторов как социального глобального, так и локального характера, в частности, на настроение и соответственно решение покупателя влияет следующее:

(Локально) Активность менеджера по отношению к покупателю: Сидит ли он и пассивно ждет решение клиента, или же активно инициирует общение, звонит / встречается;

(Локально) Известность и престижность торговой марки продаваемого продукта: одно дело продавать продукцию «раскрученной» марки, другое – нечто новое и пока малоизвестное;

(Локально) Личное обаяние продавца: насколько с ним легко и приятно общаться: в какой степени он может быть интересен не только как представитель Компании, но и просто как человек;

(Глобально) Экономическая ситуация в стране и в мире: например, не было ли в последнее время резких колебаний курса доллара/ евро, которые могли серьезно отразиться на цене продукта;

(Глобально) Прибыльность/ окупаемость покупки: допустим, если речь идет о продаже некоего технического изделия – насколько дорого его будет в дальнейшем эксплуатировать и обслуживать;

(Локально) Сервис и гарантии: дает ли компания-продавец гарантию на изделие или услугу, предоставляет ли какой – либо дополнительный сервис, и насколько условия гарантии и сервиса в этой фирме отличаются от других;

(Локально) Рекламная поддержка: рекламируется ли данный товар в различных СМИ и хорошо ли известен, то есть, насколько высока информированность клиента о товаре;

(Локально) Дар убеждения продавца: умеет ли продавец, где надо, незаметно «подтолкнуть» клиента к принятию решения;

(Локально) Имидж компании продавца: это крупная торговая сеть, название которой «на слуху», или же маленький магазинчик в полуподвале;

(Локально) Гибкость ценового подхода: может ли продавец предоставлять скидки для клиента, есть ли «спецпремии» - персонально для ответственного лица компании-клиента;

(Глобально) Сезонность: известно, что некоторые товары продаются, например, лучше летом, чем зимой: кондиционеры/ обогреватели;

(Локально) Перспективность продукта: эта покупка удовлетворяет какие-то сиюминутные потребности клиента и через непродолжительное время морально устаревает, или же - она будет использоваться долго;

(Локально) Умение менеджера правильно подать информацию: насколько информация излагается доступно и понятно;

Все эти моменты в той или иной степени оказывают влияние на решение покупателя о сделке. Ваша задача - развеять все его сомнения и грамотно провести по пути следования от начала продажи до ее окончания.

Каждая продажа имеет свою специфику и свой своеобразный маршрут, который необходимо детально анализировать с трех точек зрения: запроса клиента, возможностей клиента и личностных особенностей клиента. Делайте из продажи прототип логической игры, формируйте маршруты, следуйте им и постоянно проверяйте: нет ли отклонений от намеченной цели. Последовательность вашей работы может быть сравнена со следованием по определенному вектору: чтобы наверняка попасть из точки А в точку Б, необходимо как минимум, представлять как это сделать: формировать шаги, ступеньки достижения и действовать согласно заранее намеченному плану.

Давайте теперь перейдем к рассмотрению структуры корпоративной продажи и ее составляющих. Оптимальный «продажный» маршрут состоит из целого ряда элементов и взаимосвязанных между собой отрезков пути – этапов. Следует выделять три больших этапа, внутри которых структура продажи может быть на разделена на более мелкие составные части.

3.2 Этапность корпоративной продажи

Этап 1: Нахождение клиента

Этот этап является основополагающим критерием всего процесса продажи, основываясь и отталкиваясь от данных полученных на этом этапе, мы строим дальнейшие действия и алгоритм работы с клиентом. Это этап поиска потенциального клиента, который включает в себя:

Определение – кого, в принципе мы бы хотели видеть своим клиентом, то есть, проведение четко построенного мониторинга, с целью выделения из общей массы клиентов «своего»;

Составление списка потенциальных клиентов – на основе проведенного мониторинга – выделение категорий, в дальнейшем - конкретные имена или названия компаний;

Сбор информации о потенциальных клиентах – составление информационного досье на клиента - все, что необходимо знать, чтобы сделать ему наиболее привлекательное предложение;

Планирование контактов с потенциальными клиентами – первый этап установления контакта с клиентом - составление графика звонков, встреч, тем для обсуждения;

На этом этапе очень важно грамотно сформировать клиентскую базу – это должно быть не просто бездумное забивание в базу Excel первых попавшихся компаний, а согласование профессиональных ориентаций компаний ваших потенциальных партнеров с функциональностью товаров, которые вы продаете

Этап 2: Привлечение клиента

Здесь важно - сделать потенциального клиента клиентом фактическим, реальным. Реализовать это можно следующими действиями (согласно четкой последовательности):

- Встреча с клиентом, на которой обсуждается – насколько вы друг другу можете быть интересны;
- Возможно, выставление коммерческого предложения по итогам встречи;
- Переговоры: вторая, третья встречи для обсуждения предложения;
- Достижение итоговых договоренностей, и завершение сделки подписанием договора - реализация договоренностей, то есть, поставка товара, оказание услуги;

Этап 3: Превращение разового клиента в постоянного

Имейте ввиду, третий этап полностью зависит от вашей активности и заинтересованности в продолжении отношений с клиентами. В идеале он должен состоять из огромного множества повторяющихся звонков, встреч с клиентами, дополнительных предложений для них.

Схема прохождения этапов не должна кардинально изменяться, но может мягко модифицироваться:

Например:

этап 1: во многих случаях звонок клиенту упраздняется, и сразу же совершается встреча;

этап 2: первая встреча сразу же может заканчиваться завершением сделки, а «выставление коммерческого предложения» может быть реализован одной беседой с клиентом.

Главное не забывать о специфичности каждого отдельно взятого корпоративного проекта, вы не должны быть ведомы. Вы должны сами заниматься построением системы собственной корпоративной продажи. Именно системы, поскольку корпоративная продажа – это не сиюминутный фейерверк розницы, а постоянное тактическое планирование эффективных действий.

Все корпоративные продажи можно разделить на два основных вида:
- продажи с изначальным заказом
- продажи с вашим самостоятельным поиском заказа

Если продажа с изначальным заказом

Алгоритм работы:

Вам нет необходимости заниматься поиском и налаживанием мостов: заинтересованность клиента в закупе именно у вас – значительно упрощает вашу задачу. Но, будьте всегда готовы к непредвиденным обстоятельствам и форс-мажору.

Если ситуация такова, что вам необходимо самим найти заказ

Алгоритм работы:

Начинать подобную корпоративную продажу необходимо с поиска потенциальных клиентов. Сначала необходимо определиться с целевыми аудиториями, то есть, кто, в принципе, может быть вашим клиентом и попытаться выяснить степень заинтересованности клиента в вас как в партнере. Как выясните, формируйте базу данных – она поможет вам в дальнейшем в планировании деятельности: изначально это будут – не конкретные фирмы или лица, а – категории фирм или частных лиц, которые могут нуждаться в ваших товарах или услугах. Потом из этих категорий будут вырисовывать определенные лица и компании:

Делайте списки потенциальных потребителей. Вероятнее всего, списки будут длинными. Ваша задача не растеряться в этом многообразии, а грамотно организовать клиентскую базу. Например: *Вы продаете компьютерную технику – вашим клиентом может стать практически любая организация. Здесь важно выяснить приоритетность товаров в «продуктовой корзине», которую вы будете формировать для того или иного корпоративного клиента. Таким образом, для банковской структуры товары в их ценовой политике и технологическом исполнении будут существенно отличаться от закупа средней школы*

Для каждой категории клиентов должно быть сформировано свое коммерческое предложение, с возможностью легкой корректировки в дальнейшем

Разделение по категориям в вашей базе данных может быть следующим:

- Коммерческие организации – здесь также необходима градация по профилю деятельности – туристические, рекламные, строительные и тд.
- Госучреждения
- Торговые предприятия
- Банки

Чем более четкое разделение по категориям вы осуществите, тем легче и быстрее сможете сориентироваться в предпочтениях потребителей.

Алгоритм формирования базы данных

Первым шагом в формировании базы данных клиентов должен стать анализ и проработка основных характеристик полученной информации о потенциальных клиентах. Для начала составили категории – это было обобщение, теперь переходим к конкретизации полученных данных, то есть, вы должны безличный список превратить в реальный, с указанием контактных лиц, телефонов, электронных адресов. Основными источниками данной информации будут являться:

- Интернет: поисковые страницы, собственные сайты компаний
- Справочники: желтые страницы, прайс - лайн
- Готовые базы данных
- Личные знакомства
- Рекомендации знакомых
- Профильные выставки

После того, как составили конкретный список потенциальных клиентов, следует переходить к следующему этапу работы – оценке потенциала и перспективности клиентов. Для того чтобы оценить финансовый и покупательский потенциал клиентов можно воспользоваться следующей системой градации:

Первая клиентская группа (далее - А) – «крупный» -

это гиганты, так называемые – голубые фишки: холдинги, крупные корпорации, концерны. Таких организаций немного, но для нас эта категория самая притягательная, поскольку самая платежеспособная и соответственно приносящая основной доход вашей компании. Но пробиться к данной категории достаточно сложно, по-крайней мере, если вы не лидеры рынка.

Вторая клиентская группа (далее - Б) – «средний» -

многочисленная категория клиентов – это компании, находящиеся в секторе среднего и малого бизнеса. Динамика бизнеса данных компаний, посредством расширения локальных структур, либо международных контрактов позволяет постоянно совершенствовать и укреплять партнерские отношения с ними.

Третья клиентская группа (далее - С) – «мелкий» -

наименее богата, таких клиентов значительно больше и зачастую они бывают гораздо более доступными. Это мелкий бизнес, либо компании, которые находятся на этапе своего становления.

Вопрос, который следует четко прояснить на данном этапе, как же правильно выстраивать и планировать свою работу? за какую категорию клиентов «браться» в-первую очередь, а какие можно оставить на потом?

Для ответа на данные вопросы необходимо выяснить структуру и ресурсы клиентуры: особое внимание стоит уделить двум полярным категориям клиентов: крупному и мелкому, миддл всегда присутствует, в силу своей универсальности.

❖ **Работа с крупным клиентом**

Основным преимуществом крупного клиента (А) является то, что работа с ним может перекрыть по рентабельности несколько мелких корпоративных проектов и принести компании единовременно большую прибыль. Однако риск потери и некоторая финансовая зависимость компании от подобных клиентов делает работу с ними не всегда оправданной. Вы можете тратить на них все свое рабочее время, формируя взаимоотношения и презентуя коммерческие предложения, а в итоге остаться в приятельских отношениях, но без прибыли.

Обратимся ненадолго к теме тайм-менеджмента в вашей профессиональной деятельности: В качестве основного принципа возьмем правило Паретто, которое гласит:

«20% усилий времени достаточно, чтобы получить 80% результата».

Данное правило можно применить и к ситуации корпоративных продаж:

20% клиентов обеспечивает 80% финансовых показателей. Таким образом: 80% Ваших усилий должно быть направлено на крупных клиентов, и 20% - на остальных.

Все остальные – это мелкие клиенты, они менее привередливы, соответственно в работе с ними меньше подводных камней и течений: они спокойнее, стабильнее и их не так страшно потерять. Более того, для клиентов входящих в данную группу со временем вполне реален переход в группу средних, в последствии и крупных клиентов, поэтому мы вполне можем отнести их к разряду перспективных.

Следующий шаг - выработка оптимального и эффективного графика планирования работы с клиентами. Целью составления данного графика должен стать грамотный выбор клиентов и, что немаловажно выбор стиля работы с ними - для обеспечения постоянного дохода

- **Планируем работу с клиентами:**

Пользуйтесь таблицей, приведенной ниже, однако, помните, информация и намерения, изложенные в данной таблице подлежат полной реализации.

Разбейте свой список потенциальных клиентов на несколько дней, это поможет лучше сориентироваться и более детально проработать первичную информацию о том или ином клиенте

Компания	Категория клиента	Контактное лицо/должность	Встреча/ Звонок	Контактные данные, телефон, адрес	Цель контакта

После того, как сделаны все формальности, в виде заполнения полей таблицы необходимо переходить от «теории» к действиям: планировать звонок к клиенту, далее встречу и возможные варианты коммерческого предложения.

Поскольку ваши дальнейшие действия будут более ориентированы на личные встречи и непосредственные контакты с клиентом, то здесь немаловажное значение будет иметь ваш имидж, как профессиональный, так личностный. Причем лучше если он будет опосредован определенными правилами и деловыми стандартами.

3.3 Общение с клиентом

Корпоративный клиент – кто он?

Представим ситуацию - мы клиенты. Каким образом происходит процесс принятия клиентом (в данной ситуации нами) решения о приобретении той или иной продукции в определенной компании? на основании, каких посылов формируется система выбора альтернатив и окончательного решения?

Любое наше решение обязательно мотивированно определенными нуждами и потребностями

На этапе осознания потребностей у нас возникают конкретные ожидания и прогнозы относительно того, как все сложится в конечном итоге. Основные вопросы, которыми мы, как клиенты задаемся в этой ситуации являются следующие: С помощью, каких производственных или иных ресурсов я смогу решить мою наличную проблему?

Наличной проблемой здесь является тематика и объем закупки, которую мы должны осуществить. Необходимо несколько пояснений:

- Где найти достойного поставщика?
- Будет ли качество поставляемой продукции соответствовать необходимым стандартам?
- Можно ли доверять партнерским отношениям и ждать отличного сервиса в исполнении?
- Смогу ли я убедить партнера в необходимости своевременной реализации закупки и вовлечь его в совместный процесс?

Да, действительно, оказывается и клиент об этом задумывается. Возможно, он, даже больше, нежели менеджер по продаже переживает за весь этот процесс, поскольку за ним стоит компания, и он, несет определенную ответственность за ее функционирование

Ваша задача в этой ситуации: убедить клиента, что все его страхи безосновательны

Алгоритм работы

Первое, что необходимо сделать - оценить личность корпоративного клиента и предоставить ему то, что он ждет, то, что придаст ему уверенность.

❖ **Выявляем психотипы клиента**

Типология характеров покупателей в зависимости от их речевого общения

Каждый из нас индивидуален, со своими типическими чертами и характерными только нам своеобразиями, однако обобщая можно выделить 7 основных типажей:

Типаж 1: Говорит тихо, без эмоциональной выразительности, темп речи несколько снижен. Такой клиент редко выступает инициатором общения.
Имейте ввиду: Он обидчив, малоактивен, внушаем, чувствителен, застенчив и склонен подчиняться.

Типаж 2: Говорит тихо, с эмоциональным оживлением. Настойчив в утверждении своей точки зрения и склонен ее иметь по любому поводу. Настроен к критическому ведению разговора.
Имейте ввиду: Он обидчив, агрессивен, капризен, эгоистичен, педантичен. Предъявляет повышенные требования, как к себе, так и к окружающим. Трудно уступает и соглашается.

Типаж 3: Говорит громко, эмоционально. В разговоре внимательный и участливый, конкретен и объективен в суждениях.
Имейте ввиду: Он самостоятельный, деловой, инициативный и успешный.

Типаж 4: Оптимист, темп речи тембр умерен, эмоциональный фон в общении повышен. Активно идет на общение: учтив, внимателен и уступчив.
Имейте ввиду: Он истинный потребитель, то есть его поведение полностью определяется желаниями и потребностями. Легко поддается чужому влиянию и боится ответственности.

Типаж 5: Говорит тихо, без акцентов. Пассивный слушатель: крайне редко отстаивает свою точку зрения.
Имейте ввиду: Он скучен, малоактивен и, временами «тормозит»

Типаж 6: Больше любит говорить, чем слушать. Театрален: постоянно акцентирует внимание всех только на себе.
Имейте ввиду: Он эгоистичен, агрессивен, легко поддается на провокацию. Ориентирован на лидерство и не приемлет чужого мнения.

Типаж 7: Говорит медленно, размеренно, уверенным тоном.
Имейте ввиду: Он привержен своим привычкам и настойчив в достижении своих целей.

Данная информация должна быть использована вами при подготовке к переговорам с корпоративным клиентом, где необходимо знать не только его социальные притязания, но и личностные особенности.

После того, как сделаны все формальности, в виде тактической информационной подготовки к установлению контакта с клиентом, необходимо переходить от «теории» к непосредственным действиям.

Шаг 1

Алгоритм телефонного звонка с целью получения информации о нужном лице:

1. Приветствие
2. Представление: Коротко и четко
3. Выяснение с кем разговариваете: *«Будьте добры, подскажите, как вас зовут?»*
4. Повод звонка: *«У нас есть предложение для вашего... (называем должность либо описываем функциональные обязанности)», «Мы бы хотели направить ему предложение»*
5. Просим сообщить нужную нам информацию: *«Будьте добры, как его ФИО, контактные телефоны?»*
6. Благодарим и прощаемся: *«Спасибо, что уделили мне время, буду рад новым встречам»*

❖ **Сценарий телефонного разговора с нужным лицом:**

1. Приветствуем
2. Представляемся: Кто мы и кто наша компания. *«... Мы являемся одними из лидеров рынка в этом направлении... »*
3. Обсуждаем регламент разговора
4. Делаем комплимент: *«Ваша компания – одна из известных в своей области и для нас было бы большой честью сотрудничать с вами»*
5. Позиционируем деловое, но пока еще не коммерческое предложение: *«Мы хотим предложить вам сотрудничество в области поставки и обслуживания»*
6. Интригуем клиента: *«Мы имеем опыт/ Наши достижения/ Мы можем»*
7. Выясняем степень интереса: *«Что вы думаете о том, чтобы познакомиться с нашей продукцией?»*
8. Обосновываем необходимость встречи: *«Я готов подъехать в течение 15-20 минут познакомить вас с сутью дела»*
9. Договариваемся о встрече: *«Вам удобно завтра в 16:00 или послезавтра в 11:00»*

Договорились о встрече: заинтересовали, заинтриговали, но пока все на словах. Теперь необходимо подготовиться, произвести аудит своих знаний, чтобы при личной встрече не разочаровать клиента, а представить себя как достойного бизнес-партнера.

Для того, чтобы продать продукт, очень важно знать о нем все: технические, технологические характеристики и потребительские выгоды. Вы не сможете грамотно рассказать о том, чего не знаете. Или расскажете, но потеряете клиента.

Хороший деловой контакт начинается с подготовки к нему

В большинстве технических и IT компаниях, производящих и продающих технику, перед тем, как попасть к клиенту, товар проходит «предпродажную» подготовку – его проверяют, тестируют, убеждаются в его работоспособности. Давайте перенесем эти правила и попробуем провести «предпродажную» подготовку самих себя. Подготовка к встрече с клиентом позволит прийти на нее во всеоружии, полностью находиться в теме и провести беседу максимально эффективно. Чем тщательнее мы подготовимся к встрече, тем большего результата мы на ней достигнем.

Что необходимо знать?

- **Информация о клиенте:** карточка потенциального клиента
- **Информация о вероятных конкурентах:** здесь нам необходимо выяснить, с кем конкретно работает или работал в прошлом наш корпоративный клиент. Если нам это удастся, то мы с легкостью учтем все особенности нашего конкурента и составим свой диалог с клиентом таким образом, чтобы он понял, чем именно мы отличаемся от его прошлых поставщиков, и что такого можем предложить, чего конкурент не может. Если клиент пока ни с кем не работает и только выбирает, кого сделать своим потенциальным партнером, то в этом случае желательно знать, чьи предложения им рассматриваются на данный момент.
- **Информация о наших возможностях.** Это ключевая информация: прежде чем предлагать необходимо самим их досконально изучить. В этой связи необходимо провести инвентаризацию имеющегося у вас интеллектуального багажа. То есть, трезво оценить, насколько хорошо вы владеете той или иной информацией о вашем товаре или услуге.

Составьте таблицу:

В первой колонке в столбик выпишите построчно те товары, которые вы продаете.

Во второй, оцените их по десятибалльной системе, насколько хорошо вы владеете информацией об этом пункте.

В третьей, перечислите те ресурсы, которые вы сможете привлечь, если вам потребуется квалифицированная помощь. Если вы намерены прибегать к помощи конкретных людей –

заранее заручитесь их поддержкой. Таким образом, в ситуации, когда вы обнаружите, что клиенту нужна информация, которой Вы не владеете, у вас уже будет определенная подсказка – что делать и к какому источнику обращаться.

Товары	**Владение информацией**	**Ресурсы**

Помимо этого в период подготовки обязательно проясните следующие вопросы:

Определите свои интересы: важно установить приоритетность своих интересов, чтобы преждевременно не пойти на компромисс, пожертвовав важным интересом, вместо менее значимого

Определите интересы корпоративного клиента: переговоры – это улица с двусторонним движением

Невозможно удовлетворить свои интересы, не сделав того же самого в отношении другой стороны - изучите их интересы.

Шаг 2

❖ **Встреча с клиентом**

Для того, чтобы осуществить продажу Вам необходимо:

1. Установить контакт с клиентом
2. Проверить/ подтвердить информацию о проблемах и вариантах решения проблем клиента
3. Найти значимую проблему
4. Предложить варианты ее решения с помощью вашей продукции (с различной степенью выгодности: подешевле - подороже)
5. Провести сравнение выгод (повариантно)
6. Выбрать конкретный вариант
7. Получить деньги
8. Получить рекомендации

Для того чтобы контакт с клиентом начался удачно, необходимо обладать конкретной информацией о корпоративном клиенте. Что необходимо знать о корпоративном клиенте:

1. Финансовые возможности клиента по приобретению вашей продукции;
2. Наличие реальных источников проблем, которые могут быть удовлетворены с помощью вашего коммерческого предложения;

3. Возможность решения этих проблем с помощью вашего товара, здесь необходимо смотреть по срокам;
4. Отношение к таким проблемам в компании клиента;
5. Позитивный/негативный опыт использования аналогичной продукции ранее;
6. Культура принятия решения (кто и как принимает решения по данному вопросу в компании, кто и как влияет на принятие решения);

Что необходимо выяснить непосредственно по корпоративному клиенту:

1. Является ли он собственником/ наемным менеджером
2. Каково его отношение к бизнесу, деньгам и своей компании
3. Его личное отношение к источникам проблем и значимой проблеме
4. Его личный опыт использования подобной продукции
5. Какова его карьера и перспективы в компании
6. Есть ли у него связи с конкурентами и, в каких формах они осуществляются
7. Его биография
8. Его хобби

Организационные данные корпоративного клиента/ его компании:

Финансовые возможности - компания должна иметь возможность приобрести вашу продукцию. Для этого ее необходимо оценить по следующим параметрам:

- Успешность
- Позицию на рынке
- Бизнес данной компании на подъеме или нет?

❖ **Проблемы Корпоративного клиента:**

Источник проблемы Компании КК	**Примеры проблем**
Ресурсы (например, сырье, финансы, кадры)	Дефицит или полное отсутствие
Технология (управления, производства, сбыта, развития бизнеса)	Неэффективность или полное отсутствие
Результат деятельности	Низкая прибыль, высокие издержки, несоответствие цена/ качество

Проблемы корпоративного клиента необходимо знать для того, чтобы узнать стандарты и конкретные параметры сделки, а также прозондировать саму возможность сделки. Выяснив это, мы переходим к выработке тактических ходов по решению проблем клиента.

Примеры решения проблем клиента:

Источник проблемы Компании КК	**Примеры возможных проектов**
Ресурсы (например, сырье, финансы, кадры)	Создание независимой сырьевой базы; получение выгодного кредита, профессиональная подготовка кадров
Технология (управления, производства, сбыта, развития бизнеса)	Автоматизация процедур управления; внедрение безотходных технологий производства, создание нескольких каналов дистрибуции, развитие новых направлений бизнеса
Результат деятельности	Повышение прибыли на …% в течение года, достижение конкурентоспособного соответствия цены/ качества

У каждой компании может существовать множество различных проблем, но нас интересуют только те, которые они смогут решить с помощью нашего предложения и товара. В этой связи необходимо прояснить вопрос - есть ли у корпоративного клиента проблемы, которые можно решить с помощью нашей продукции. Когда прояснили данный вопрос необходимо выявить значимость проблемы. У клиента существуют различные приоритеты в решении тех или иных проблем и проектов.

❖ **Что важно для клиента:**

Горячей проблемой/ проектом являются проблема или проект корпоративного клиента, которые на момент проведения сделки являются наиболее важными, первостепенными по сроку разрешения, с точки зрения клиента.

❖ **Что важно для нас:**

Значимой проблемой/ проектом являются проблема или проект, которые на момент проведения сделки являются реально важными и первостепенными по сроку разрешения, с точки зрения продавца. Мы должны все свое внимание и усилия сосредоточить на разрешении именно этой значимой проблемы.

Следующий момент, который необходимо прояснить, есть ли опыт использования нашей или аналогичной продукции корпоративным клиентом ранее. Если был позитивный опыт – хорошо, если негативный – это барьер, с которым придется работать.

Далее выясняем, кто и как в компании корпоративного клиента принимает решение по приобретению вашей продукции. Вариантов принятия решения может быть несколько. Чаще всего встречаются следующие варианты:

- Есть одно лицо, который решает все
- Первое лицо принимает окончательное решение, но в нем участвуют несколько сотрудников – по принципу – один готовит, другой подписывает
- Один сотрудник готовит решение, а потом выносит за пределы организации (например, в головной офис) и там уже все решается (это наиболее сложный случай)

Конкретная тактика проведения встречи строится, исходя из следующих факторов и условий:

1. Сформированности запроса корпоративного клиента на использование кашей продукции/ степени нужности кашей услуги;
2. Его финансовых возможностей в настоящее время: будет ли данный клиент прибыльным для вашей компании;
3. Наличия у корпоративного клиента опыта прошлого или настоящего общения с конкурентами;
4. Наличия у корпоративного клиента позитивного или негативного опыта эксплуатации подобной продукции;
5. Временных условий и планируемого места встречи;

Шаг 3

Ревизия собственных навыков и умений

1. Что говорить на встрече с клиентом?

Составьте мини-план – что и в какой последовательности нужно сказать при встрече с клиентом в самом начале разговора?

Пример:

1. Поприветствовать
2. Спросить – можно ли войти
3. Уточнить – сколько времени мне могут уделить
4. Представиться
5. Обозначить цель прихода

- **Приветствие** – это первое, что мы говорим на встрече с клиентом. Рискованно и непродуктивно начинать разговор с фраз, типа: ***«Вас интересуют поставки?», «Вам нужны…?»*** - для клиента, это раздражающий фактор обязанности что-либо купить у вас, тем самым, вы заведомо обрекаете свой визит на неудачу.

Алгоритм правильных действий:

Прежде чем поздороваться, необходимо навести невербальные мосты с клиентом: встретиться с ним взглядом, улыбнуться, и лишь потом сказать слова приветствия. Следует разнообразить свой лексикон: классическое «Здравствуйте» - уместно всегда, но можно его разнообразить: **«Добрый день/утро/вечер»+ работающий комплимент.** Далее следуем по этикету – **спрашиваем разрешения войти:** Даже если у нужного вам лица отдельный кабинет – пусть даже он не закрыт и вход туда доступен для всех сотрудников и посетителей, войдя в него, следует деликатно, но уверенно спросить разрешения. Это могут быть такие фразы, как: **«Разрешите?», «Я могу войти?».** Главное, чтобы эти фразы не звучали заискивающе. Здесь вы не столько спрашиваете разрешения, сколько сообщаете о том, что вы входите.

- **Обсуждение временного регламента беседы:** Вы не можете быть уверены наверняка, что у того человека, к которому вы пришли, есть сейчас время для разговора. Именно поэтому необходимо поинтересоваться может ли он сейчас говорить с вами. Если да – то, как долго, если нет – то, когда время для беседы с вами у него будет. Сделать это можно с помощью таких слов: **«У вас есть … минут для беседы со мной?», «Можем ли мы с вами поговорить в течение … минут?».** Если обозначить сразу, сколько времени человека вы займете, это позволит ему оценить – чем он рискует, если примет вас, и быть более лояльным к вам на протяжении оговоренного времени.

Старайтесь не называть слишком большое время встречи – это может отпугнуть собеседника; в то же время, будьте правдивы – нежелательно просить пять минут, а занимать двадцать. Если вы не уверены в точном времени вашей беседы – используйте неопределенные слова – просите не пять, а несколько минут.

- **Представление:** Самое лучшее представление – это короткое и понятное. Клиент должен не только отчетливо услышать ваше имя и название компании, которую вы представляете, но и понять – чем именно занимается ваша компания.

Помните: Представление не должно превращаться в преждевременную презентацию.

- **Обозначение темы визита:** Необходимо сформулировать цель без избыточной навязчивости – в ситуации, когда клиент еще не проникся вашей ценностью для него, очень важно «не передавить».

Цель визита может быть объявлена примерно так: **«Наша компания хотела бы предложить вам сотрудничество в такой-то области – можем ли мы друг другу быть интересны, и если да – то чем конкретно».**

❖ **Очень важна ваша психологическая и имиджевая подготовка:**

Необходимо создать позитивный настрой на встречу с конкретным клиентом, что требует определенной коррекции вашего эмоционального состояния «здесь и сейчас». Менеджер должен выглядеть и уметь вести себя адекватно предполагаемой ситуации:. создайте свой имидж профессионала

Ваша главная задача - подписать договор и получить деньги, но в любом случае, необходимо решить следующие задачи:

1. Установить личный контакт с корпоративным клиентом;
2. Оценить степень готовности корпоративного клиента к сделке;
3. Определить финансовые возможности корпоративного клиента;
4. Сделать выбор программы;
5. Согласовать «личный интерес» корпоративного клиента (сотрудника, ведущего переговоры);

Начало личного контакта очень важно, именно здесь закладываются основы доверия корпоративного клиента к вам и вашему профессионализму. В-первую очередь, вы должны продать себя, как профессионала, далее компанию, как достойного партнера и, товар, как необходимость для клиента.

Первый шаг:

Проанализируйте, в каком состоянии находится корпоративный клиент. Готов ли он к встрече с вами или загружен работой, вследствие чего его внимание и сосредоточенность на проблеме будет снижена, каково его состояние на данный момент общения с вами: драйв или равнодушие.

Если Корпоративный клиент загружен работой и вы для него всего, лишь раздражающий момент - необходимо разбудить его и настроить на одну волну с вами. Используем невербальную семантику - улыбаемся губами и глазами – получаем реакцию – обрабатываем ее – отражаем двойной эффект.

Второй шаг:

Определите тип клиента – рационален он или эмоционален? Данный анализ делается для того, чтобы правильно подобрать методы и степень воздействия на собеседника, это своеобразная манипуляция.

Общее правило: ***Со всеми мы начинаем с цифр, но заканчиваем по-разному***

Если клиент – рационален и привык оперировать сухими фактами и информацией - заканчиваем обсуждение фактами, причем основной акцент ставим в конце.

Если клиент – эмоционален – рисуйте ему красивые картинки успеха, ставьте акценты вначале, давайте личные рекомендации в использовании.

Нельзя делать выводы о людях, исходя только из своих субъективных ощущений. Все люди разные, со своими взглядами, мнениями и логикой. Не пытайтесь сформировать свое впечатление о человеке исходя из одной встречи или одного неверно оброненного слова – рискуете впасть в иллюзорный негатив. Тоже самое относится и к первому впечатлению о вас со стороны клиента. Здесь не должно быть осечек, необходимо готовиться и продумывать свой образ заранее до мелочей – во время имиджевой подготовки. Классически встречают по одежке, точнее: обуви, прическе, деловой одежде, стилистике в речи.

Приветствие

Первые слова, которые обычно произносят, это приветствие и имя человека. По тому, как клиент среагировал на первые слова, можно уточнить первоначальное впечатление, которое вы на него произвели и если необходимо подккоректировать дальнейший ход беседы. Приветствия бывают двух видов: официальные и неформальные. Выбор конкретной формы приветствия зависит от:

- обстановки, в которой вы встречаетесь с клиентом
- подготовленности встречи
- необходимой степенью психологической дистанции

Алгоритм личного представления:

1. Неформальная часть со своим собственным именем: лучше, если вы постараетесь это сделать, глядя в глаза клиенту. Клиент должен запомнить, как вас зовут.
2. Формальная часть с заявкой названия компании, от которой вы работаете: говорите четко и уверенно: клиент должен запомнить название вашей компании.
3. Завершающая часть – благодарность клиенту за предоставленную возможность встречи.

Представились и переходим к беседе: присаживаемся. Старайтесь не садиться напротив клиента. Необходимо располагаться «наискосок» по отношению к клиенту. Это поможет уйти от подсознательной конфронтации между вашими телами. Лучше всего сидеть под углом 45 градусов к клиенту, справа от него.

Делаем комплименты: Эмоции в ходе подобных переговоров очень важны - поднимайте клиенту самооценку!

Уместные темы для комплимента:

- Позитивные замечания об организации (реклама, пресса, продукция)
- Ситуации в отрасли, рынке
- Личные комплименты сотруднику

Главное правило общения – начинать с того, что вас объединяет с собеседником. Например, проявление внимания: **«Как добрались…?».** Остальные тематики могут вас разъединить с собеседником: религиозные, политические события или общие знакомые – из-за разного к ним отношения.

Комплименты должны быть искренними. Лучше не говорить вообще ничего, чем сказать формальность. Наряду с офисными комплиментами не забывайте и о личных. Надо находить теплые, приятные слова, которые подчеркнут ваше уважение и внимание к собеседнику.

Для мужчин комплименты могут быть о его деле, его стиле работы, образе жизни, окружении, его авто, аксессуарам.

❖ **Правила применения комплиментов:**

- Комплимент должен отражать только реальные и только положительные качества партнера, а также включать один смысл. Отражаемое положительное качество должно иметь небольшое преувеличение, без гиперболизации.

- Комплимент должен фиксировать более высокий уровень развития того или иного качества у партнера, нежели собственное мнение человека об этом качестве.
- Тактика использования комплиментов требует учитывать мнение человека и его отношение к отмеченному качеству.
- Комплимент должен констатировать наличие какого-либо качества, а не содержать рекомендации по его улучшению. Не будет комплиментом фраза: «Ты был активен, но недостаточно»
- Комплимент не должен содержать добавок, зачастую преуменьшающих положительное влияние комплимента. Например, во фразе: «Руки у тебя золотые, а вот язык твой – враг твой!» лучше использовать лишь первую часть
- Наиболее эффективен комплимент, сделанной на фоне антикомплимента себе

Необходимо создать хороший эмоциональный фон. Вы должны быть всегда в тонусе, заражая своей энергетикой и энтузиазмом партнера по общению. Стремитесь начать общение официально, а закончить по-дружески

3.4 Сделка

Заявление для начала: Предложение о взаимовыгодном сотрудничестве
Как пример: *«Мы хотим предложить вам взаимовыгодное сотрудничество в области развития вашего бизнеса, с помощью ....».* В этом случае, мы используем технику «Присоединения к клиенту». Мы говорим клиенту: «Вы», «Мы», «Мы с вами», «Нам с Вами». Тем самым, мы меняем стереотип переговорного процесса: «кто - кого».
На протяжении всего процесса: **«Мы с вами делаем общее дело»**

После того, как вы начали устанавливать контакт с клиентом и кратко презентовали предложение о сотрудничестве следует переходить к переговорам с клиентом. Суть подобных переговоров – это диагностика проблем, которые можно взаимовыгодно решить с помощью нашей продукции, подбор вариантов решения, а также работа с личным интересом корпоративного клиента.
Встречаются две ситуации:
Когда компания еще не пользовалась продукцией

Когда компания уже использовала данную продукцию

❖ ***Компания не использовала данную продукцию***

Разговор предстоит долгий. Часто бывает, что прежде чем продать конкретный вариант конкретной компании надо «продать идею необходимости данного товара». Здесь мы даем презентацию о нашей компании: динамика роста, товары, бренды, клиенты и, конкретные и лаконичные выгоды для клиента, в случае вашего с ним сотрудничества: материальные, моральные, риски.

❖ ***Компания использовала данную продукцию***

Здесь исходим из ситуации, позитивный или негативный был опыт использования. Позитивный – делаем позитивное подкрепление, негативный – переориентируем, посредством убедительной аргументации. Делайте упор на конкурентные преимущества ваших товаров и старайтесь оценить уровень лоббирования, который ведут ваши конкуренты.

В переговорах важную часть занимает работа, направленная на удовлетворение интересов всех ключевых участников. Выясняйте полную информацию о людях, участвующих в общей системе данной конкретной продажи и, в частности – переговорном процессе.

Этапность переговорного процесса:

1. **Исследование ситуации:**

Здесь мы решаем две задачи: во-первых, собираем информацию для подготовки коммерческого предложения. Во-вторых, оцениваем готовность клиента решать проблемы через нашу продукцию, то есть, оцениваем отношение к нашему бизнесу в целом. Исследуем мы это с помощью интервью, правильно выясняя потребности клиента.

По мере того, как вы начинаете задавать вопросы клиенту, он начинает вам в ответ задавать уточняющие вопросы или приводить возражения. Поэтому, когда вы работаете с вопросами, вы всегда должны быть готовы к тому, что могут пойти возражения.

2. **Выбор вариантов решения проблемы:**

После «фазы исследования» можно выходить на предложение конкретных вариантов коммерческого предложения. Основные задачи этой фазы переговоров:

Совместный с клиентом поиск важных выгод и вариантов решения значимой проблемы клиента. Для того, чтобы вы смогли привести клиента к решению данной задачи –

необходимо создать себе, своей компании и, соответственно коммерческому предложению неповторимый индивидуальный имидж, иначе говоря – внести изюминку.

3. **Подписание договора и получение денег:**

Суть этой фазы – завершение сделки, а именно, оформление, подписание конкретного договора и получение денег.

Ни одно завершение сделки не будет проведено до конца, если не будет соблюден личный интерес клиента

Этап 1: Исследование проблем корпоративного клиента

Это фаза начинается с ориентировок продавца в корпоративном клиенте. Пока не исследуете ситуацию, не торопитесь представлять свое коммерческое предложение. Основная задача здесь найти и выбрать мишенью именно те проблемы клиента, которые ему необходимо решать быстро и в которых вы можете быть ему полезны

Обращать внимание необходимо на следующие моменты:

Отношение клиента к вашему бизнесу

Отношение клиента к своему бизнесу

Отношение клиента к возникшей проблеме

Отношение клиента к необходимости решения значимых проблем

- **Исследование отношения клиента к Вашему бизнесу**

Клиент пользуется аналогичной продукцией

Раскручиваем тему удовлетворенности клиента продукцией (как его обслуживают и работают с ним в другой компании).

Далее задаем вопросы:

«Какими видами подобной продукции вы уже пользуетесь сейчас?»

«Вы полностью удовлетворены тем, как вас обслуживают и данной продукцией или ... (вот здесь мы делаем паузу)»

«Что вам больше всего нравится в другой вомпании?» (здесь мы начинаем фокусироваться на слабых сторонах конкурента)

В результате проведения данного интервью вы получаете информацию о том, что можно было бы улучшить и что хотелось бы изменить клиенту в его сегодняшних отношениях с другой компанией – вашим конкурентом. Как только у вас есть на руках эта информация, надо начинать считать – сможем ли мы переиграть эту компанию, то есть, сможем ли мы сделать лучше коммерческое предложение, например, по цене и условиям обслуживания. Если мы проигрываем по каким-то показателям, то это повод для включения той или иной формы «личного интереса», чтобы зацепить клиента и переманить его к себе.

Клиент не пользовался данной продукцией

Даем исчерпывающую презентацию о нашей компании и о тех преимуществах, которые получит клиент в результате сотрудничества с нами. А пока задаем общие вопросы о ситуации Компании клиента на рынке, например.

Далее переходим к «раскручиванию» личности корпоративного клиента:

Кто он? Является ли он собственником компании или это посредник. Имейте в виду, должностной статус, человека с которым вы ведете переговоры очень важен.

В результате ориентировки мы вместе с клиентом должны выбрать проблему, которая:

- важна для клиента (предмет сделки);
- потенциально содержит проблемы «интересные» (материальные) для продавца в настоящий момент;

Также по ходу ориентировки выплывают текущие, горячие проблемы клиента, то есть, то, что его волнует «здесь и сейчас»;

В результате интервью мы знаем, какова проблема клиента, которую необходимо разрешить. Теперь, необходимо определиться с тем, какие из проблем, связанных со значимой проблемой, имеют первостепенное значение для клиента

«Значимая» проблема, если она действительно «значима», всегда, так или иначе, проявится в разговоре - как заметили, сразу проверяем отношение к ней клиента: задаем ему вопросы о возможных проблемных ситуациях, которые могут возникнуть в связи с ее эксплуатацией. Здесь мы определяем, какую из проблем, связанных с основной проблемой, клиент считает первостепенной по необходимости решения, таким образом, оценивая ресурсы клиента и возможность быстрого решения проблемы. Если проблема значима для клиента, то есть, имеет действительно важное для него значение, то проблемы с сохранением, модернизацией будут решаться в первую очередь. Но среди этих проблем будут более или менее приоритетные для конкретного клиента. Разные проблемы одного и того же объекта имеют разную степень важности по срокам решения для клиента. Ваша задача заключается в определении «горячей проблемы» для клиента и предоставление вариантов решения этой проблемы быстро, сжато и лаконично.

В исследовании нет смысла навязывать клиенту ваше видение проблемы. Задавайте вопросы и изучайте ситуацию. Вовлекайте клиента в совместный поиск решений вопросов и проблем. Первый этап переговоров с клиентом заканчивается тогда, когда вы вышли на горячую и значимую проблему и исследовали отношение клиента к ней.

Этап 2: Оценка альтернатив и поиск решения

Для чего клиент пришел к вам? Для того, чтобы удовлетворить свою потребность, посредством вашего товара и предоставляемых клиенту услуг.

Поведение клиента в этой ситуации может быть следующим:

– ничего не делать – «авось все пройдет само собой»;

– использовать решение своими силами (без подключения вашей услуги);

– обратиться к вашему конкуренту;

– встретиться с вами и воспользоваться вашей продукцией

Вы должны сделать так, чтобы клиент воспользовался последним вариантом

Алгоритм действий:

Необходимо проанализировать позиции конкурентов на рынке и условия услуг, которые они предоставляют. Таким образом, мы узнаем все «+» и «-» вариантов решения проблем, которые есть в распоряжении клиента на данный момент. Исходя из этой информации, мы должны предоставить клиенту именно те выгоды, которые нивелируют его проблемы и сделают лояльным именно к нашему варианту решения. Выгоды очень важны. Товары и предоставляемые услуги необходимо всегда сравнивать с подобным на рынке. Причем сравнивать не столько по цене, а по тем выгодам, которые клиент получит при дальнейшей эксплуатации товара. Например: Клиент купил компьютерное оборудование, но будет ли качественным его сервисное обслуживание? Будут ли отсрочки в оплате? Каков будет срок поставки оборудования? За эту информацию клиент и платит деньги

Обращаясь к вам, клиент хочет быть уверен, что обращается к профессионалам своего дела, поэтому вам необходимо знать основную выгоду своего продукта. Проведите своеобразный мониторинг конкурентов, выясните, что они предлагают, каковы условия оплаты, сроки поставки. В результате подобного сравнения, вы получите матрицу: «стоимость товара – качество основной выгоды», что позволит отредактировать и сформировать свои преимущества перед клиентами.

Клиента к себе расположили, выгоды ему наглядно продемонстрировали, теперь переходим непосредственно к процессу переговоров, начинаем с обсуждения общих вариантов решения проблемы: целью обсуждения здесь является вопрос цены, ориентация на компромисс.

❖ **Как следует строить разговор о цене:**

Реально, уже в начале переговоров установить высокую цену, делается это, по нескольким причинам:

- Клиент может на это согласиться
- Это является хорошим мотивом к уступкам со стороны клиента

Если условия по товару и закупочной партии позволяют вам назвать стоимость, не называйте ее сразу. Предложите два варианта и, соответственно две цифры: сумму выгоды, которую клиент может получить в результате использования вашей продукции и ее стоимость. Делаете это вы для того, чтобы в случае пересмотра цен уступки с вашей стороны не были чрезмерны высоки, а цена низка.

Прежде чем начинать переговоры необходимо помнить о следующем: при каждой продаже вы должны предпринять несколько попыток добиться желаемого в полном объеме, прежде чем решите немного уступить. Создавайте важные для клиента выгоды – обсуждайте, что он хотел бы получить в результате.

Вариантов может быть три:

- максимальное качество – адекватная цена
- адекватное качество – разумная цена
- основное качество – минимальная цена

Формируйте дополнительные выгоды, создавая в сознании клиента более привлекательный образ товара или услуги, тем самым, повышая цену. Дополнительные выгоды основаны на дополнительных конкурентных преимуществах, они напрямую не влияют на выполнение основного функционального назначения товара, но они помогают клиенту легче осуществить выбор в пользу того или иного товара.

В результате проделанной работы у нас на руках будет несколько вариантов решения значимой проблемы, которые в той или иной степени устраивают клиента (по его личному интересу). Теперь осталось выбрать наиболее приемлемый для него, и провести окончательный расчет стоимости индивидуальной программы.

Чтобы быть уверенным в конечном результате необходимо задать клиенту уточняющие вопросы, корректно:

- Я все понятно объяснил?
- Вы все хорошо поняли?

- Вас все устраивает?

- Что выберем из рассмотренных программ?

На три первых вопроса надо, чтобы клиент ответил «Да», тогда можно задавать итоговый вопрос, который поможет вам перейти к работе над конкретным вариантом.

Вам необходимо, чтобы клиент сам подтвердил их важность для себя.

Этап 3: Подписание договора и получение денег

Прежде всего, мы должны получить подтверждение со стороны клиента о том, что его устраивает конкретный вариант решения значимой проблемы, который мы с ним обсудили. Подстрахуйте себя: составляйте договор, таким образом, чтобы в случае форс-мажора, вы не оказались в минусе: включайте в него условия, снижающие ваш риск до минимума. Далее, оформляйте документы и не забывайте о послепродажном сопровождении клиента – тогда он к вам вернется и не раз.

Литература:

1. Адамс С. Профессиональные продажи и коммерческие переговоры. – М.: Амалфея, 1998

2. Беттджер Ф. Обаять клиента (Идеи, стиль и техника профессионального коммерсанта) – Н., «ЭКОР», 1995

3. Ванцвейг А. Безупречный сервис. – М., «Добрая книга», 2006

4. Лазье У., Коллинз Дж. Больше, чем бизнес. – М., «Альпина БизнесБук», 2006

5. Мэтьюз Дж., Хэтлин К. Путь собственника. От предпринимателя до председателя совета директоров. – М., Манн, Иванов и Фербер, 2007-11-21

6. Реккем Н., Джон де Винсентис. Prодажи. Новое мышление. - М., Pretext, 2006

7. Стаут Л. Управление персоналом. – М., «Добрая книга», 2006

8. Шейнов В. Искусство торговли. Эффективная продажа товаров и услуг. – М., 2004

Kolibri 360 GmbH
Ferdinand-Jühlke-Straße 7
99095 Erfurt, Deutschland
produktsicherheit@kolibri360.de

Druck:
CPI Druckdienstleistungen GmbH
im Auftrag der
Kolibri 360 GmbH
Ferdinand-Jühlke-Str. 7
99095 Erfurt